愛知大学綜合郷土研究所ブックレット

⑬

城下町の賑わい

三河国 吉田

和田 実

●目 次●

はじめに

豊橋は、かつて吉田と呼ばれ、さらにそれ以前は今橋と称していた。江戸時代、吉田の町は、譜代大名が配された城の城下町、東海道の宿場町、伊勢航路・吉田川（豊川）舟運の湊町として複合的な機能を有していた。

城というと、鎧兜を着て戦闘を行った場所であるというイメージが強い。もちろん、戦国時代には合戦時の防御施設として機能していた。しかし、江戸時代に入り合戦がなくなり平和な時代が到来すると、城は政治の場となり、城下町は人々の生活の場となった。現代に生きるわれわれには吉田城というと、現在の豊橋公園の広さを思い浮かべるが、その城域は八四万㎡におよぶ広大なものであり、ナゴヤドームのおよそ一七個分に相当した。

吉田の町は、吉田藩の藩士をはじめ、商人・職人などが居住するとともに、大名行列やお茶壺道中、伊勢参りの庶民など多くの旅人が行き交う交通の要衝であった。東西に東海道、北へは新城、奥三河を経て信州へとつながる伊那・別所街道、南へは船町から伊勢へと通じる伊勢航路が存在し、交通の十字路として重要な役割を担っていた。そして、江戸と大坂のほぼ中間点に位置し、東西文化の交差する地域でもあった。また、三河・遠江・南信州のいわゆる三遠南信地域で形づくられた独自の文化圏をも持っていた。

城下町・宿場町・湊町といった多面的な顔を持っていた町には、多種多様な人々や物資が集積された。そして、人が集まる場所には盛り場が形成され、いろいろな催しが行われ活況を呈した。また、そこには様々な生産・消費活動といった経済行為があり、物流を通して他地域と密接なつながりを持っていた。吉田の町は、まさに地域経済・文化の中心地として繁栄した。そこには多様な人々の行動があり、時間が人を作り、人が地域を作るシステムが存在した。それらからわれわれは、多くのことを学ばなくてはならない。

本書では、吉田の町の概要とそこで繰り広げられた様々な活動にスポットをあて、地方都市の賑わいを探ってみることとする。

一　城下町・吉田

◉――城下町の成立

吉田城の歴史は、永正二年（一五〇五）に今川氏の家臣であった一色城（現在の豊川市牛久保町）城主の牧野古白により、その前身である今橋城が築城されたことに端を発する。

今橋城築城以前の当地は、いわゆる鎌倉街道と呼ばれる中世の東海道が通り、交通の拠点としての「宿」が存在し、地域経済の中心地として繁栄していたと考えられる。権力者は、経済基盤の確保からその拠点を手中に収めることを望み、今橋はこのような理由から築城の地として選ばれたのではなかろうか。

今橋城の築城は、駿河に拠点を据えていた今川氏親の指示により西三河の松平氏に対抗する意味があった。この時期、東三河地域には豊川の牧野氏、田原の戸田氏、豊橋市域北部に西郷氏、南部に畔田氏、奥三河には菅沼氏、奥平氏と諸勢力が拮抗していた。今橋城築城の翌年には、牧野古白が死去し、以後牧野氏と戸田氏により今橋城争奪戦が繰り広げられた。この間、大永二年（一五二二）に今橋が吉田と改称されたという。吉田の名は、今橋城築城の際に吉祥山の加護を得、また牧野氏の旧姓が田口氏であったため両者から一字ずつとって吉田としたという説もある。しかし、鎌倉期から南北朝期には吉田御園の名が見え、また室町期には今橋御厨、今橋宿の名もあり、築城以前から当地が「吉田」「今橋」と併称されていたといえよう。さて、その後享禄二年（一五二九）に岡崎に拠点を置く松平清康が、吉田城を攻略し牧野氏を滅ぼした。清康の死後は、今川義元が吉田城を占領し、城代を置いて支配した。今川義元による吉田支配は、積極的に行われた。さらなる経済的基盤を確保するために検地を実施したり、民心獲得のため社寺領の安堵や社殿の造営を行った。やがて、桶狭間の戦いで今川義元が討たれると、この地方を支配したのは松平家康（のちの徳川家康）であった。家康は、永禄七年（一五六四）に吉田城を攻め、翌年には手中にした。三河を統一した家康は本拠地を浜松へと移し、吉田城には重臣の酒井忠次を配置した。酒井忠次は、吉田川右岸の灌漑や堤防の改修、下流域の治水など積極的に土木工事を行うとともに、吉田川に土橋を架け交通路の整備をした。また、新田開発を奨励し、領内の経済発展に寄与した。元亀二年（一五七一）には、甲斐国を支配していた武田信玄が三河へ侵攻したが、家康の攻防のもと退陣した。天正三年（一五七五）には再び武田勢が吉田城を攻め込んだが、家康をはじめ酒井忠次により吉田城は死守された。天正一八年に豊臣秀吉によって天下統一がなされると、徳川家康は関東に移封となり、吉田城には池田照政（「輝政」の名乗りが一般的であるが、吉田在城中は「照政」を使用）が配された。照政は一五万二〇〇〇石を領し、禄高に見合う城地の拡張と城下町の整備を行った。拡張された城地は、東は現在の飽海町《あくみちょう》から旭町、南は曲尺手町から呉服町、西は関屋町に達する総面積二五万五〇〇〇坪余（八四万㎡）の広大なものであった。吉田城は、照政の整備事業により近世的な城郭へと変貌を遂げた。現在、昭和二九年（一九五四）復興の隅櫓が建つ石垣の北側と西側は、照政により築かれたものである。慶長五年（一六〇〇）、関ケ原の戦いの論功行賞で照政は播磨国姫路に所替えとなり、国宝姫路城を築くこととなる。吉田城は、以後三万から八万石を領する九家二二代の譜代大名が在城した。吉田城下は、小笠原家四代（一六四五〜九七）のときに町並みがほぼ完成し、城下町が整った。以後は、照政が整備した城地が広大であったため、財政的にその管理に苦慮しながら明治を迎えたといわれる。

◉――城下町の構成――吉田二四町――

城下町・吉田は、吉田城本丸を中心に吉田川を背に南に向けて二の丸・三の丸・武家屋敷地と半同心円状に広がっていた。また、総堀によって武家屋敷地から隔てられた南には庶民が生活する町屋があり、東海道に沿う表一二町（船町《ふなまち》・田町《たまち》・坂下町《さかしたちょう》・上伝馬町《かみでんまちょう》・本町《ほんまち》・札木町《ふだぎちょう》・呉服町《ごふくまち》・曲尺手町《かねんてちょう》・鍛冶町《かじまち》・下町《しもまち》・今新町《いましんまち》・元新町《もとしんまち》）とその背後に位置する裏一二町（天王町《てんのうちょう》・萱町《かやまち》・指笠町《さしかさちょう》・御輿休町《みこしやすみまち》・魚町《うおまち》・炮六町《ほうろくまち》・下り町《くだりまち》・利町《とぎまち》・紺屋町《こんやまち》・元鍛冶町《もとかじまち》・手間町《てまちょう》・世古町《せこまち》）

吉田二十四町戸数道行一覧（貞享５年）

区別	町名	家数	町行	道幅
表町	船町	90軒	211間１尺	４間０尺
	田町	70軒	119間２尺	３間２尺
	坂下町	28軒	50間４尺	２間３尺
	上伝馬町	64軒	142間３尺	４間０尺
	本町	34軒	99間４尺	４間０尺
	札木町	65軒	168間２尺	４間０尺
	呉服町	34軒	107間２尺	３間３尺
	曲尺手町	66軒	159間１尺	３間４尺
	鍛冶町	61軒	104間１尺	３間４尺
	下町	21軒	83間２尺	３間３尺
	今新町	60軒	149間３尺	３間３尺
	元新町	38軒	83間０尺	４間０尺
裏町	天王町	15軒	40間０尺	３間１尺
	萱町	49軒	103間２尺	２間５尺
	指笠町	28軒	68間０尺	２間２尺
	御輿休町	11軒	51間４尺	２間２尺
	魚町	127軒	215間０尺	２間３尺
	垉六町	17軒	53間０尺	２間３尺
	下り町	19軒	36間０尺	２間３尺
	利町	20軒	47間３尺	２間０尺
	紺屋町	16軒	47間０尺	２間３尺
	元鍛冶町	24軒	52間３尺	２間３尺
	手間町	27軒	83間０尺	２間０尺
	世古町	6軒	88間０尺	２間０尺

の併せて二四町より構成されていた。これら二四町は、宿場町としても機能していた。東海道の宿場には一〇〇人・一〇〇疋の人馬の常備が義務づけられており、その負担はこれら二四町によってまかなわれていた。人馬の負担は、伝馬役町・平役町・船役町・無役町の四区分とされていた。伝馬役は馬役を負担する町で、田町・上伝馬町・本町・札木町・呉服町・曲尺手町の表六町が一〇〇疋の馬を提供し、この伝馬役町のなかで伝馬役を負担しない家は歩行役を勤めた。歩行役の役目は、大通行の時は総員出勤するが、平日は昼夜三人ずつの勤務で継飛脚御用を勤めた。なお、伝馬役六ケ町のうち田町のみはこの役をもたなかった。平役とは人足役のことで、二四町のうち一四町と、田町・本町・呉服町・曲尺手町の四町の計一八町で定めの一〇〇人を超す三九五人を負担していた。船役は船町が勤め、代償として伝馬役が免除されていた。このほか、伝馬役・平役を負担しない無役の町として下り町・元鍛冶町・手間町の三町があったが、大通行の場合は人足役を勤めた。以下、各町の概要を記そう。

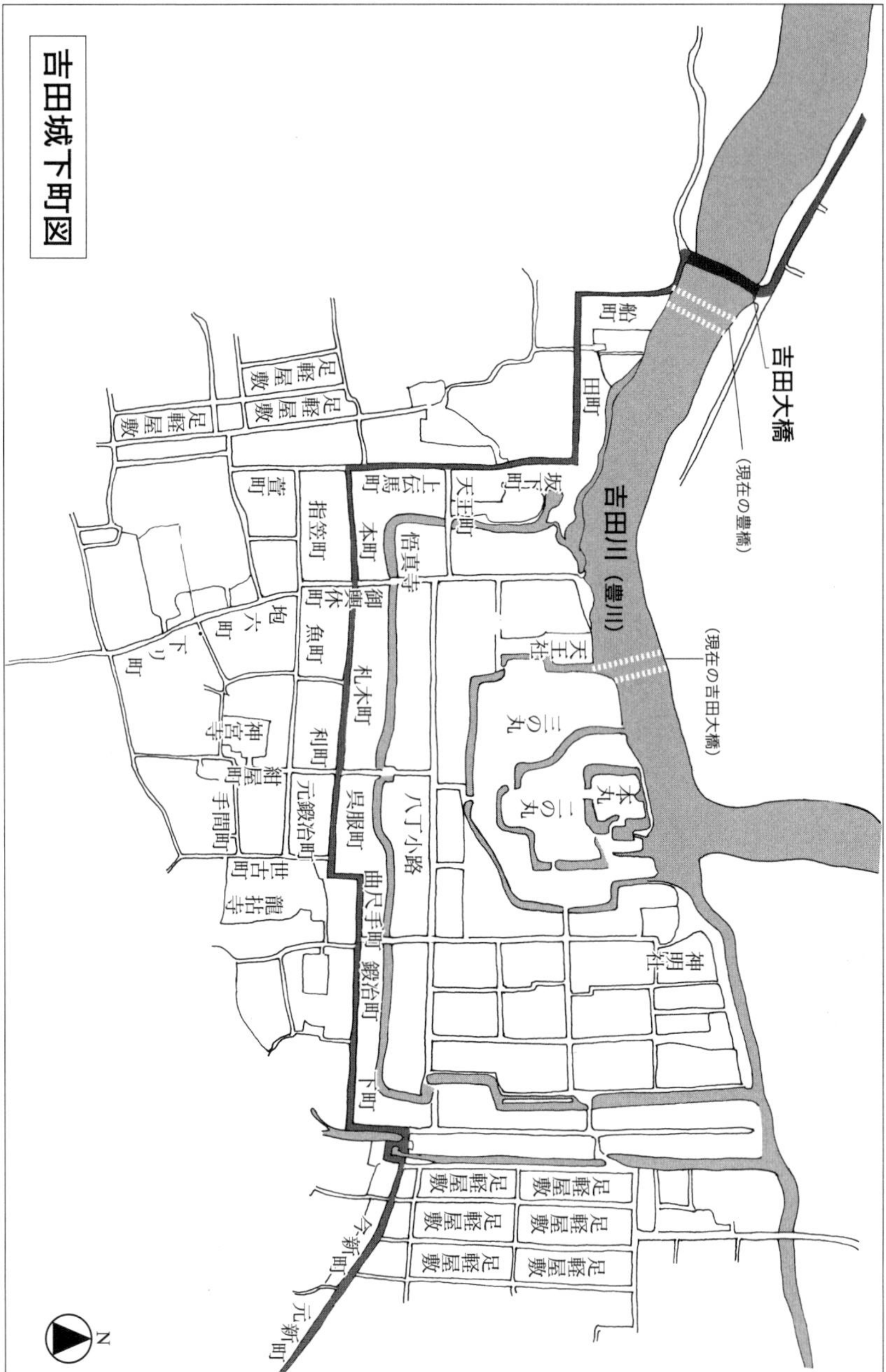
吉田城下町図
吉田大橋
（現在の豊橋）
（現在の吉田大橋）
吉田川（豊川）
船町
田町
坂下町
天王町
上伝馬町
本町
悟真寺
天王社
三の丸
二の丸
本丸
神明社
八丁小路
御輿休町
魚町
札木町
利町
呉服町
曲尺手町
鍛冶町
下町
元鍛冶町
紺屋町
手間町
世古町
龍拈寺
神宮寺
下り町
指笠町
萱町
足軽屋敷
今新町
元新町
N

船町

船町は、吉田二四町の最北端に位置し、吉田川の下流に臨む町であった。古くは四ツ屋と称し、河原と同様の荒れ地であったが、庄屋の先祖である浅井与次右衛門が天正年間に近江国小谷より親類家来八三人を引き連れ居住し、天正一八年（一五九〇）に池田照政による城下町整備の際に町家を建てて船町としたという。その後、慶長五年（一六〇〇）の関ケ原の戦いに際して、池田照政により船役を命ぜられたことがきっかけとなり、以後船役を勤めることとなり、代わって伝馬役が免除された。船町において船役に従事する者は、「船番組」と呼ばれる組織を結成し、これを五〇口に分けて勤めていた。この船役には、将軍上洛時に伊勢国桑名まで廻船業務に従事することや、

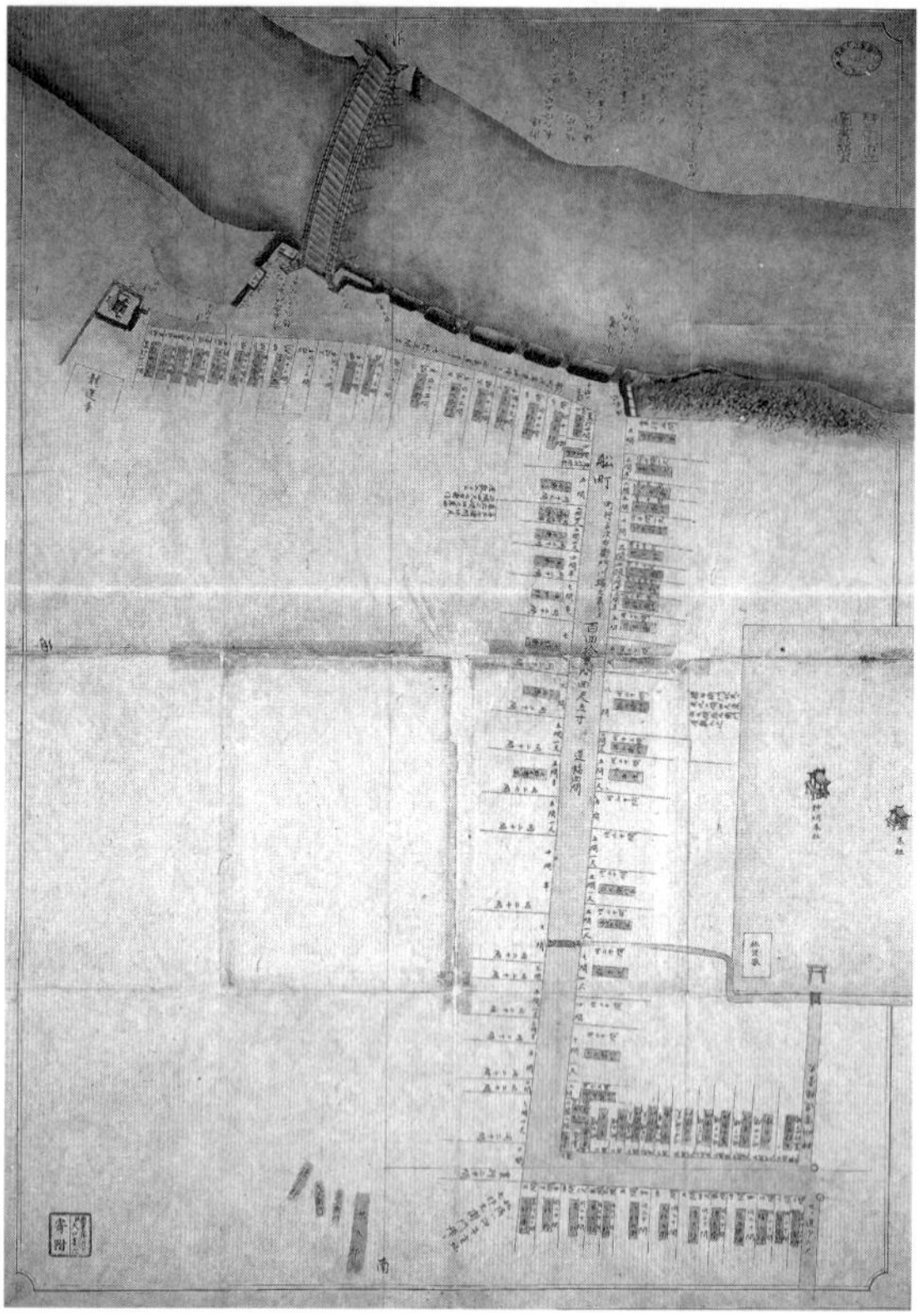

吉田宿東海道筋町別地図　船町
（豊橋市中央図書館蔵）

本坂通の当古の渡しに船を提供すること、川が満水時に吉田橋の通行ができない場合に幕府公用の文書を運送するための船を小坂井村まで出すことなど幕府に対してなされるものがあった。一方、年貢米の廻船、船番所での湊出入りの船の改め、積み荷や渡海人の記録、湊の航路標識となる澪杭《みおぐい》を立てること、吉田城石垣普請時の石積船の提供、領内各地からの材木や石材を輸送する際の船の提供など藩に対してなされるものがあった。このほかにも、船町には、吉田橋掛け替え時の渡船業務、川が増水し上流より流木があった時に橋を守ること、橋に流木が引っ掛かった場合の除去、橋近くでの火災発生時の待機、橋のたもとに建てられた湊高札の管理などが義務づけられていた。これに対して、船役を負う義務の代償に地子という土地に対する年貢免除の特権が与えられた。このほか、船町には奥三河などの山方から産出し三州中馬により新城まで逓送され、新城から吉田川舟運によって下流である吉田湊へと運送される物資のうち茶・柿渋・雁皮・砥石など一八品目と、吉田湊から伊勢などへ渡海する旅人の運賃に対して上前銭と称する運上を課し、これを徴収する権利が与えられ、大きな収入源となっていた。しかし、時代を経るとともに伊勢渡海人と茶荷物のほかは荷物が減少し、上前銭の収入も減少していった。このため、船役を勤める「船番組」の者に対してその救済を目的に、金銭や新たに船を造る際の造船代の貸与などの助成がなされた。

田　町

田町は、船町の東に東西に続く町である。田を埋め立てて造成してできた町であることが、その名の由来であるという。貞享五年（一六八八）には、道幅が三間二尺（約六ｍ）であった。寛延三年（一七五〇）の記録によれば高七八石余、戸数七六軒、人口三二六人で吉田宿伝馬役一〇〇疋のうち七疋を負担していた。また、町の北側には御衣祭《おんぞ》で有名な湊神明社があった。境内には、茶道宗偏流の祖である山田宗偏が建立したと伝えられる「蓬莱庭園」がある。

坂下町

坂下町は、田町の東端から南北に続く町で、水野忠善が吉田藩主であった寛永一九年（一六四二）から正保二年（一六四五）頃にできたという。貞享五年の絵図によると、道幅は二間三尺と狭かった。寛延三年の記録では、高一九石余で戸数も少ない町であった。吉田宿伝馬役は、平町として人足役を負担し、貞享元年には総戸数である本門二八軒のうち役を負担する役門は二六軒で、出人足は一九人であった。吉田城下には東西二ケ所の惣門があり、坂下町と上伝馬町の境に西惣門があった。西惣門には、左側に番所があり、一二畳の上番所、八畳の下番所、四坪の勝手があり、さらに駒寄せの空き地一七坪があった。惣門は、城下へ入る第一関門である。この惣門はいつ頃設置されたかは不明であるが、水野忠善が藩主であった正保元年には、惣門の場所が甚だ狭いゆえに町家を他へ移動してその跡地を番所としたという記録があるため、江戸時代の初期から設置されていたと考えられる。惣門の門限は、朝六ツ時（午前六時）から夜四ツ時（午後一〇時）までであり、これ以外の時間は一般の通行が禁止されていた。番所には二人が常駐し、夜も不寝番が詰めた。藩士が時間外に門内へ入るときには、姓名・役職、外出目的などを告げ、それらはいちいち記録され、番人より藩へ復命された。

上伝馬通　明治時代（豊橋市美術博物館蔵）

上伝馬町

上伝馬町は、坂下町の南吉田宿西惣門内に南北に続く町で、寛延三年の記録では高六九石余、戸数七七軒、人口三一七人で、吉田宿伝馬役一〇〇疋のうち二一疋を負担していた。吉田宿の中心として栄え、明治に入ると札木町とともに遊郭として公認され、席貸茶屋や商店が軒を並べ賑わった。

本　町

本町は、上伝馬町の南端から東に折れた所に位置する東西に長い町で、貞享五年の絵図では道幅四間（約七・二m）、寛延三年の記録では高二四石余、戸数は三六軒、人口二二〇人で、吉田宿伝馬役一〇〇疋のうち一五疋を負担していた。六月一五日の天王祭の際には、町内に番所が一ケ所設けられ、人足働は問屋場より出された。また、お茶壺道中など重要な通行があった場合、横小路に番所が設置され、札木町・御輿休町・本町の三ケ町で勤役した。

札木通　明治時代（豊橋市美術博物館蔵）

札木町

札木町の町並みは東西に続き、東は呉服町、西は本町に接していた。吉田城下の中心的な存在であると同時に、江戸日本橋から数えて三四番目の宿場町であった吉田宿の中核をなす町であった。この町の東端北側の角に、往来の人馬賃銭の書上やキリシタン禁制など幕府からの法令を板書し掲げた高札場が設置されていたことから、この町の名が「札木町」となったという。札木町で火災があった折には、町内の役人が高札場へ詰めて、類焼が及ばないように警固することが義務づけられていた。お茶壺道中が吉田に宿泊する際には、藩主より札木町の本陣二軒と旅籠屋九軒が馳走宿として指定された。

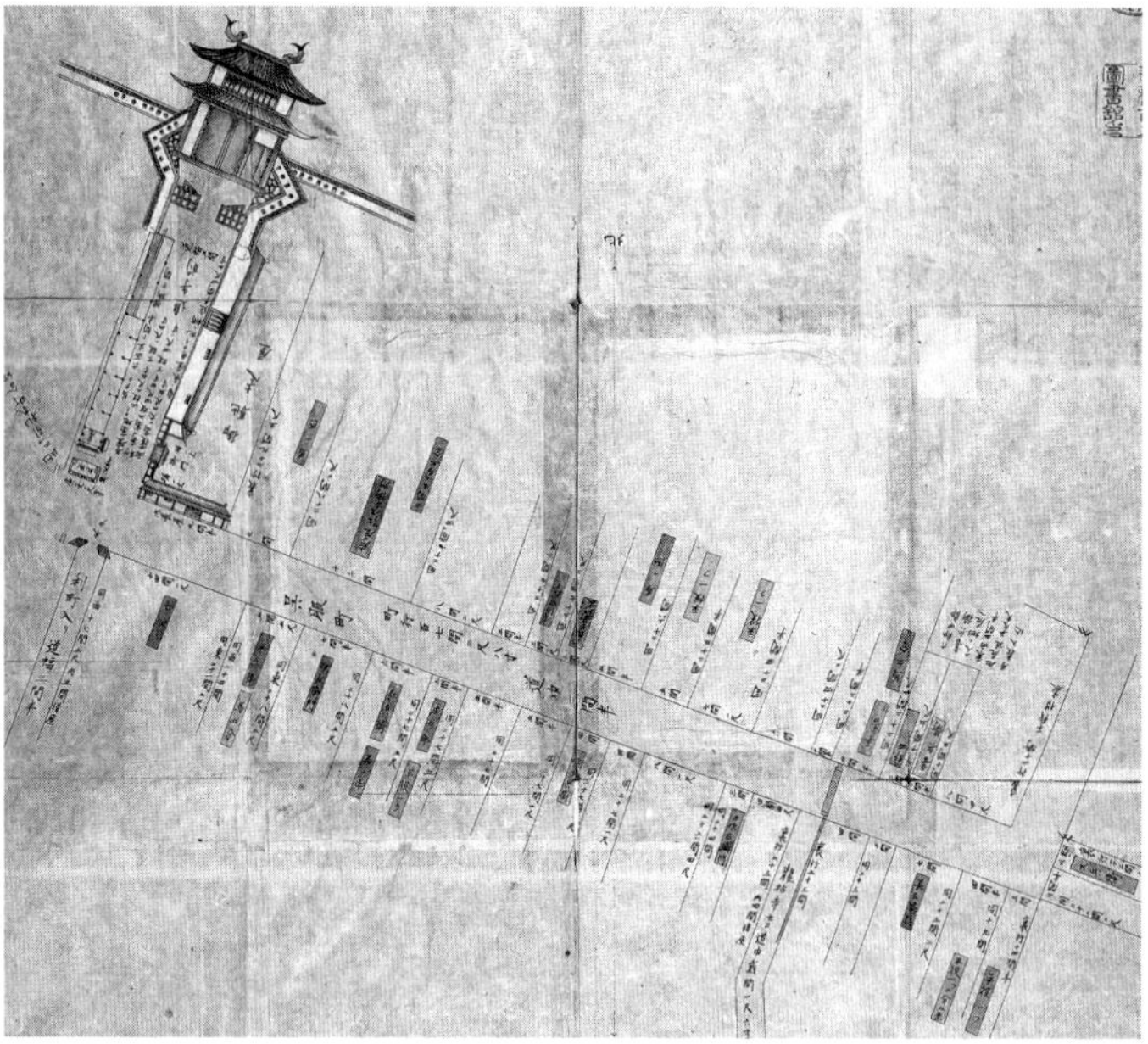

吉田宿東海道筋町別地図　呉服町
（豊橋市中央図書館蔵）

呉服町

呉服町は、札木町から吉田城大手門を横切って東に続く町で、町の東端は北に折れ、通称八軒町と呼ばれていた。寛延三年の記録では、高一八石余、戸数四〇軒、人口二五六人で、吉田宿伝馬役は一〇〇疋のうち九・五疋を負担していた。この町の西橋北側には御三家である尾張藩主・紀伊藩主や年頭勅使の公家、お茶壺道中などいわゆる「重き御通行」に際して吉田藩が接待を行うために水野忠善が藩主であった正保元年（一六四四）に設置された御馳走屋敷（のちの対客所）があり、藩主在城中には自らここへ赴き接待儀礼が行われた。

曲尺手町

曲尺手町は、呉服町の東側に続く町で、呉服町からこの曲尺手町で町並みが曲尺手状に屈曲していることから付けられた名という。町の中央から北に、吉田城の曲尺手門に続く道が延びていた。寛延三年の記録では、高一九石余、戸数六八軒、人口三八七人で、吉田宿伝馬役一〇〇疋のうち一五疋を負担していた。

鍛冶町

鍛冶町の起源は、永正二年（一五〇五）頃、牧野古白が今橋城築城に際して、牛久保村から呼び寄せた多くの鍛冶職人を、八町辺りに住まわせたことに始まる。その後、天正一八年（一五九〇）池田照政による吉田城拡張に際してこれらの鍛冶職人を郊外の地へ移住させたが、さらに松平忠利が藩主であった元和四年（一六一八）頃に東海道筋の現在地に移転させ鍛冶町と名付けた。寛延三年の記録では、高三石余、家数六二軒、人口三二七人であった。その名の通り鍛冶職人が多く居住し、正徳二年（一七一二）には四二人、寛延三年には四五人、享和二年（一八〇二）には三六人であった。鐘打つ音が響き、「吉田鎌」として広く世に知られる街道の名物として名をはせ、多くの道中日記に記録されるとともに、歌集にも詠まれた。元文四年（一七三九）の記録では、六斎市の設置許可を得て、商圏は浜名湖西岸から渥美半島まで及んだ。吉田宿伝馬役は、平役町として人足役を負担した。貞享元年には本門六〇軒のうち役門五六軒で、出人足三三人を負担した。

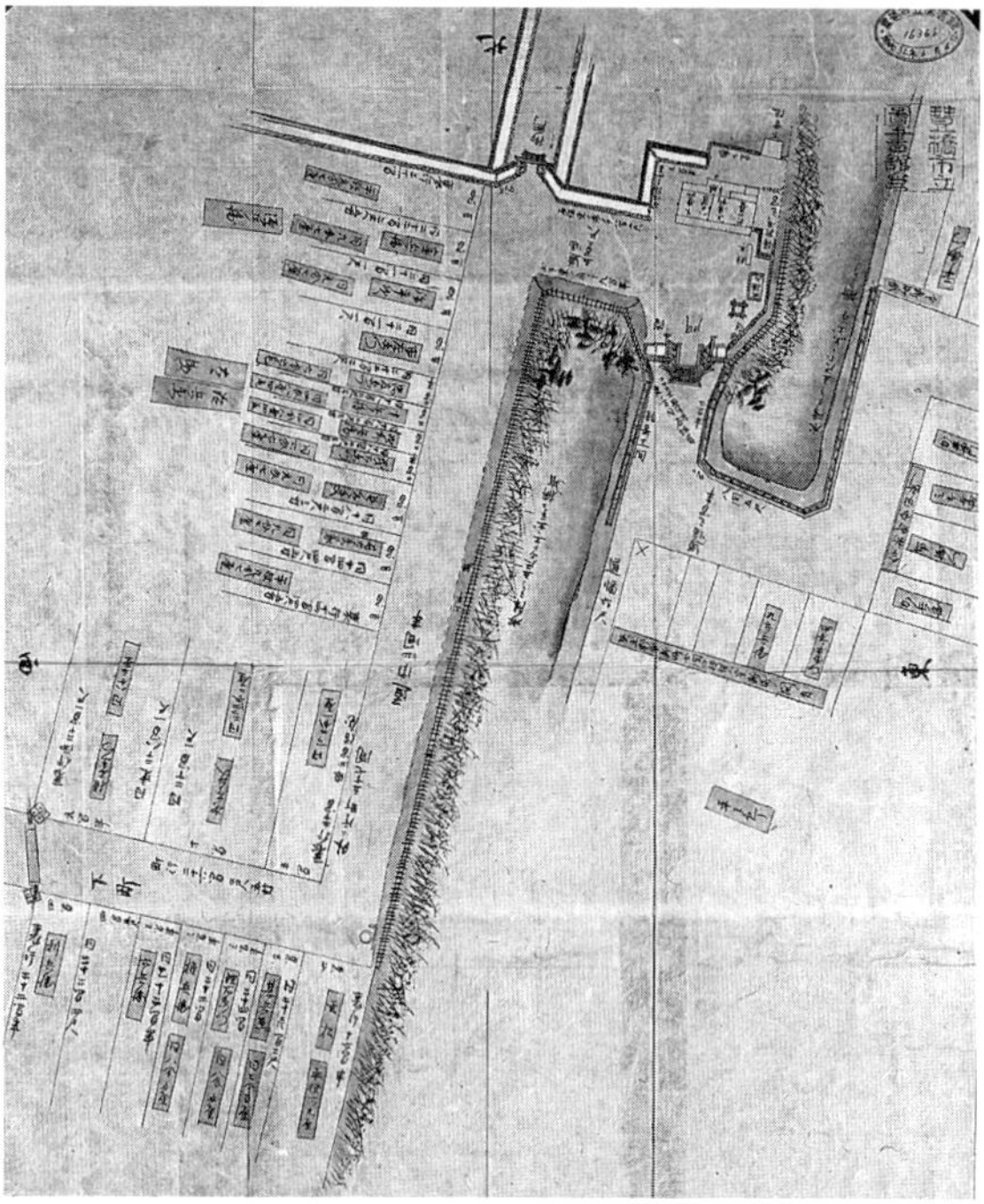

吉田宿東海道筋町別地図　下町
（豊橋市中央図書館蔵）

下町

下町は、鍛冶町の東に位置する町であり、街道は鍛冶町から東に進んだ後、北に折れさらに吉田城の総堀の東南角に突き当たって曲尺手状に曲がる複雑な街路となっている。下り町と区別するため、下モ町と表記された。寛延三年の記録では、戸数二四軒、人口が一二七人であった。下町の同堀西には東惣門があり、一二畳の上番所、八畳の下番所、勝手があり、門外右側に駒寄せ場一一間があった。

今新町

今新町は、下町の東に続く町で、水野忠清が藩主であった寛永九年（一六三二）から同一九年頃に、東惣門の外に町家を建てて今新町と呼んだという。吉田宿伝馬役は平役町として人足役が課せられ、貞享元年には本門五七軒のうち役門五五軒で、出人足二九人を負担した。寛延三年の記録では、戸数六一軒、人口二七八人であり、出火の時に人足一六人を出すことが義務づけられていた。文化二年（一八〇五）には、東海道と嵩山宿へと通じる本坂道への分岐点に宿内安全の秋葉山常夜灯が建てられた。

元新町

元新町は、今新町の東に続き、吉田宿の最も東に位置する町である。水野忠清の時代に造られた今新町に対して、元からの新町を元新町と呼ぶようになったという。寛延三年の記録では、戸数四三軒、人口一四三人であり、出火の時に人足一三人を出すことが義務づけられていた。今新町と元新町の北側には、吉田藩の東組足軽屋敷が飽海村まで続いていた。

天王町

天王町は吉田城の西に位置し、町並みは坂下町の南側に東西に続いた。吉田宿伝馬役は平役町で人足役が課せられ、貞享元年には本門一五軒のうち役門一三軒で出人足一一人を負担した。寛延三年の記録では、高一石余、戸数一五軒、人口五三人であった。延享四年（一七四七）に家五軒が大破した際に、藩主の松平資訓から下付金を受け、瓦長屋の家作を築いた。

萱町

萱町は吉田城の南西に位置し、町並みは指笠町の南側に南北に続いた。萱町の南側には吉田藩の西組足軽屋敷が広がっていた。吉田宿伝馬役は平役町として人足役が課せられ、貞享元年には本門四八軒のうち役門四六軒で出人足四一人を負担した。寛延三年の記録では、高二五石余、戸数五三軒、人口二五八人であった。出火の時に人足二〇人を、吉田川増水時にも吉田大橋へ人足を出すことが義務づけられていた。吉田城内の天王社の祭礼には、指笠町とともに笹踊りを奉納した。

指笠町

指笠町は吉田城の南西に位置し、町並みは御輿休町の西側、萱町の東側に東西に続いた。吉田宿伝馬役は平役町として人足役が課せられ、貞享元年には本門二八軒のうち役門二六軒で出人足二三人を負担した。寛延三年の記録では、高二一石余、戸数三一軒、人口二一九人であった。

御輿休町

御輿休町は吉田城の南西に位置し、町並みは魚町の西側、指笠町の東側に東西に続いており、水野忠善が吉田藩主であった寛永一九年（一六四二）から正保二年（一六四五）頃にできたという。町名の由来は、地内の御輿休天王社による。吉田宿伝馬役は平役町として人足役が課せられ、貞享元年には本門一四軒のうち役門一二軒で出人足九人を負担した。寛延三年の記録では、高五石余、戸数一一軒、人口四七人であった。

三河国吉田名蹤綜録　魚町魚市（和田元孝氏蔵）

魚町

魚町は札木町の南に接し、指笠町の東に位置していた。寛延三年の記録では、高六一石余、戸数一一九軒、人口六〇八人で吉田宿最大の町であり、魚問屋を中心として大いに栄えた。吉田宿伝馬役は平役町として人足役が課され、貞享元年には本門一二〇軒のうち役門一一六軒で出人足一〇二人を負担した。町の中心部にある安海熊野権現社は、もとは札木町にあったが、池田照政による吉田城拡張にともなって現在地に移転したと伝えられ、今川義元の頃よりこの境内に魚市が設けられ、片浜一三里すなわち新居宿から伊良湖岬に至る遠州灘一帯で漁獲される魚の集積地であった。小笠原長重が藩主であった元禄年間には魚市場保護のために市場以外での魚の直接売買を禁止し、魚類荷物の出入りする船町の吉田湊、南浜方よりの魚荷輸送路にあたる花ケ崎ならびに市場のあった魚町に監視員を各一名配置した。その後も吉田藩は、たびたび魚問屋・魚仲間に対して魚売買の独占権保護を与えた。享和二年（一八〇二）の記録では、吉田宿には魚問屋一三軒、魚仲間五八軒、肴屋九軒があったが、そのうち魚問屋のすべてと魚仲間の大半は魚町にあった。

垉六町

垉六町は北は指笠町と御輿休町、南は下リ町に接し、町並みは南北に続いた。吉田宿伝馬役は平役町として人足役が課され、貞享元年には本門一三軒のうち役門一一軒で出人足八人を負担した。寛延三年の記録では、高二〇石余、戸数一七軒、人口一〇一人であった。

下リ町

下リ町は北は垉六町、南は新銭町に接し、町並みは南北に続いた。吉田宿伝馬役は、無役町であった。寛文三年（一六六三）から元禄三年（一六九〇）に成立した。寛延三年の記録では、高七石余、戸数二六軒、人口一一一人であった。

利　町

利町は吉田城の南に位置し、大手門の南に接する。吉田宿伝馬役は平役町として人足役が課され、貞享元年には本門二〇軒のうち役門一八軒で出人足一五人を負担した。寛延三年の記録では、高七石余、戸数一九軒、人口九九人であった。

紺屋町

紺屋町は吉田城の南に位置し、町並みは手間町の西側に南北に続いた。吉田宿伝馬役は平役町として人足役が課され、貞享元年には本門一三軒のうち役門一一軒で出人足一一人を負担した。寛延三年の記録では、高三石余、戸数二一軒、人口一五四人であった。町内には、吉田三ケ寺の一つに数えられていた神宮寺がある。

吉田二十四町戸数一覧

区別	町　名	正徳2年(1712)	寛延3年(1750)	文政2年(1819)	天保9年(1838)
表町戸数(軒)	船　町	84	113	83	84
	田　町	74	76	73	74
	坂下町	28	30	25	26
	上伝馬町	64	77	61	62
	本　町	34	36	33	34
	札木町	68	71	63	68
	呉服町	33	40	32	33
	曲尺手町	64	68	74	65
	鍛冶町	42	62	61	62
	下　町	21	24	22	23
	今新町	37	61	56	57
	元新町	39	43	26	27
裏町戸数(軒)	天王町	16	15	14	15
	萱　町	47	53	49	50
	指笠町	29	31	28	29
	御輿休町	11	11	10	11
	魚　町	114	119	124	125
	垉六町	17	17	16	17
	下リ町	26	26	15	16
	利　町	19	19	18	19
	紺屋町	16	21	15	16
	元鍛冶町	26	26	26	27
	手間町	29	41	27	28
	世古町	7	7	5	6
合　計		945	1,087	956	974

元鍛冶町

元鍛冶町は吉田城の南に位置し、町並みは呉服町の南側、魚町の東側に東西に続いた。元和四年頃商売上の便を図るため、鍛冶職人が東海道沿いに移転し鍛冶町と称したことにより元鍛冶町と改称された。吉田宿伝馬役は、無役町であった。寛延三年の記録では、高七石余、戸数二六軒、人口一五八人であった。

手間町

手間町は吉田城の南に位置し、町並みは呉服町の南側に続いた。吉田宿伝馬役は、無役町であった。寛延三年の記録では、高一六石余、戸数四一軒、人口が一八七人であった。町並みは、小笠原長矩と長祐の代である寛文三年から元禄三年にかけて下リ町・元鍛冶町とともにできたと考えられており、もとは鉄炮町と称していた。

世古町

世古町は吉田城の南に位置し、町並みは南北に続き、北は曲尺手町と呉服町、南は紺屋町に接した。吉田宿伝馬役は、平役町として人足役を課され、貞享元年の本門七軒のうち役門六軒で出人足三人を負担した。寛延三年の記録では、戸数七軒、人口四六人であった。

武家屋敷地を形成していた町は、「小路」と呼ばれ、天王小路・広小路・神明小路・神明小路横町の四つに分けられていたが、後に広小路は八丁小路と改められ、神明小路横町は、袋小路・八幡小路・川毛小路・土手之町の四つに分割された。そして、水野忠善が藩主であった正保元年（一六四四）頃に新町とその先に御歩行町ができた。新町と御歩行町の西側には本来の武家屋敷地とを隔てる形で土塁と堀があるため、両町はいったん完成した武家屋敷地の外側に敷設されたことがわかる。御歩行町は、幕末には代官町と改称した。武家屋敷地は、城主が交代し家臣団が新封地に転出し、新たな城主ならびに家臣団が移入してきても、その区画や屋敷はそのまま踏襲された。城下には、武家屋敷地のほかに足軽屋敷があり、武家屋敷とは区別され総堀の外側東西二ケ所に置かれていた。西組の足軽屋敷は、萱町の西側（現在の松葉町）に、東組の足軽屋敷は侍屋敷があった新町と土塁および堀を隔てた東側（現在の旭町）にあった。総堀に接して、武家屋敷地と町屋を隔てる出入り口があり、門と番所が設けられていた。南側には、城の正門である大手門があった。このほかにも、外天王口門・本町口門・曲尺手口門・新町口門・外飽海口門があった。

武家屋敷は、藩から貸与されたものであり、いうなれば現在の官舎と同様のものであった。したがって、その修繕や増改築には藩の許可が必要であり、許可なく勝手に行うことはできなかった。工事の管理は、藩の土木・建築業務を管轄した普請奉行が行った。藩士は屋敷の改修をまず藩に願い出て、藩では普請奉行を派遣して実地調査をした。その後、普請奉行の管理下で見積

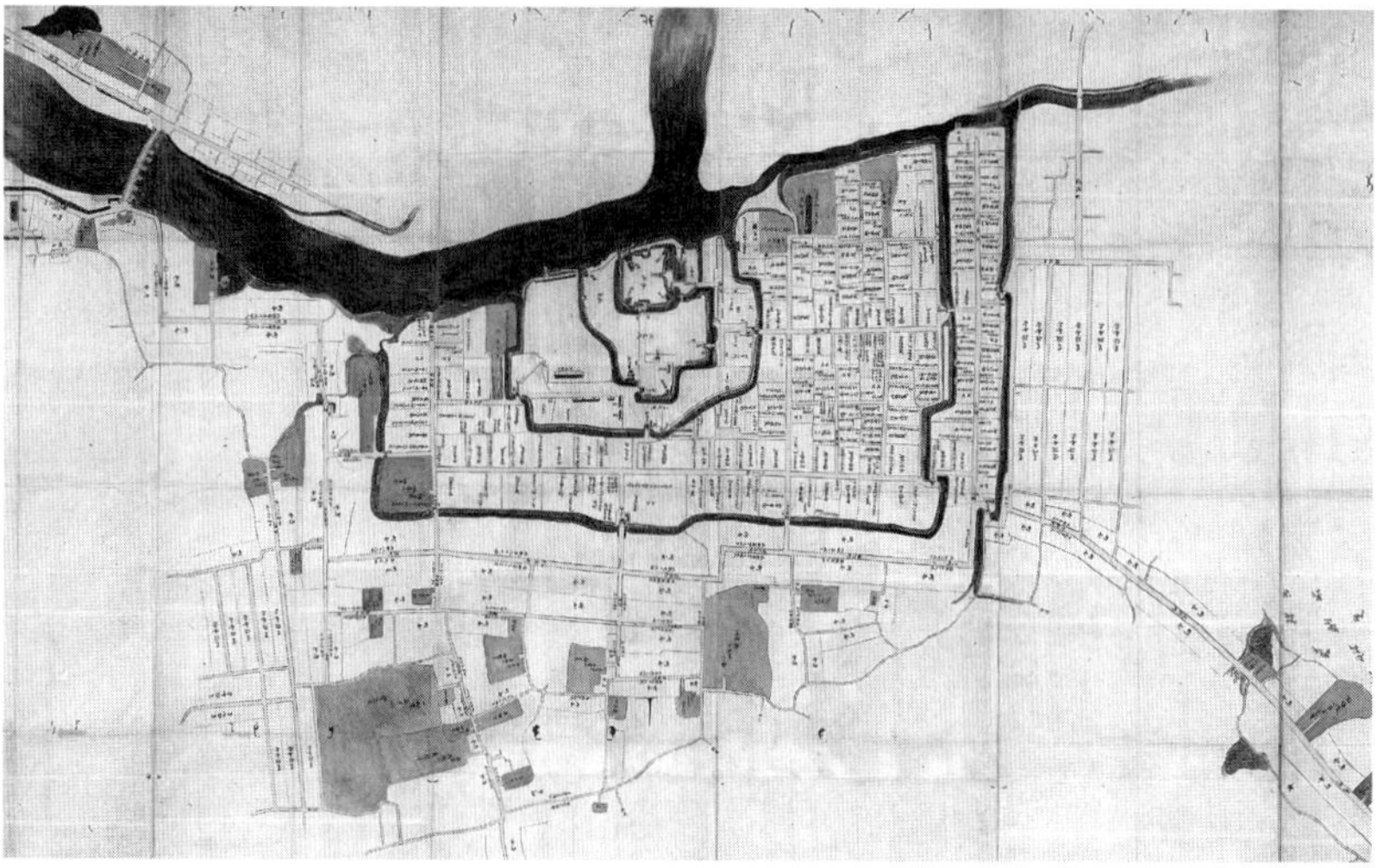

吉田藩士屋敷図（豊橋市美術博物館蔵）

もりが作成され、入札が行われ落札者が施工し、終了後検査をして支払が行われた。これは藩が経費を負担する場合であり、経費を藩士が自弁する時は届出だけでよかった。藩では藩士が自費で修復することを歓迎していた。これは、藩の財政窮乏の深刻化が背景にあったためである。上級藩士の屋敷は、現代風の言い方をすれば７ＬＤＫで中庭があり、離れには三部屋を構え、敷地内には長屋三軒と厩一棟を備える邸宅であった。敷地は、藩士のなかでもっとも地位の高かった家老の場合、二〇〇〇坪を超える広大なものであった。

　吉田藩では、藩士屋敷を管理する目的で屋敷図などの城絵図を作成し、普請奉行の管理下、評定櫓で保存していた。弘化二年（一八四五）七月には、吉田藩主の松平健之丞（のちの信璋）が前年に家督を相続し、はじめて国元に入部した。藩主が帰国すると、領内を視察し巡見を行った。その折に藩士屋敷の現況を藩主に報告する際や、実際に巡行する時に藩士屋敷図が携帯され利用されたのであろう。上図は、記載されている藩士の人事情報などから弘化三年の作成と考えられる「吉田藩士屋敷図」（豊橋市美術博物館蔵・豊橋市指定文化財）である。この年は藩主が江戸へ参勤する年にあたり、普請奉行で管理されていた城絵図が藩主に上覧されたのちに、参府までに二畳敷くらいの縮図の作成が命じられた。本図は、その作成年や形態からも同図と断定することができ、藩主とともに江戸屋敷へもたらされたのであろう。

城内には、吉田城を鎮護するためにいくつかの社寺が勧請されていた。二の丸に稲荷社、金柑丸には稲荷明神社があった。このほか、武家屋敷地には鬼門にあたる北東に神明社とその東側に八幡社、裏鬼門の南西には悟真寺、さらに三の丸と土塁・堀を隔てて西側に天王社があった。

ところで吉田の町には、吉田二四町には含まれない新興の町もあった。水野忠清が藩主であった寛永一四年（一六三七）に幕府から寛永通宝の鋳造を命ぜられ下リ町の南に接する地域の白山権現社境内に銭座が設けられ、やがてここが新銭町と称せられた。また、寛文四年（一六六四）に仁連木村の弥八郎によって開発された東海道沿いの新開地であり、その名の通り瓦生産が盛んであった瓦町などがあった。

吉田城下の周辺には、農村や漁村が広がっていた。これらの村々は、城下町と密接な関係を持って双方が存立していた。すなわち、城下町で生産される厩肥などの自給肥料は、周辺農村部へともたらされその生産基盤となった。城下の中世古に所在した観音院は、吉田城下西隣に位置した羽田村の浄慈院の別院であったが、観音院で蓄えられた糞尿が肥料として羽田村へ運送されていた。そして、浄慈院では筆墨や豆腐などの生活必需品を吉田城下で購入していた。逆に漁村で生産される干鰯などの肥料は、吉田へともたらされ販売されていた。人口が集中する町場では、その消費のために物資が集中した。

◉——宿場町・吉田

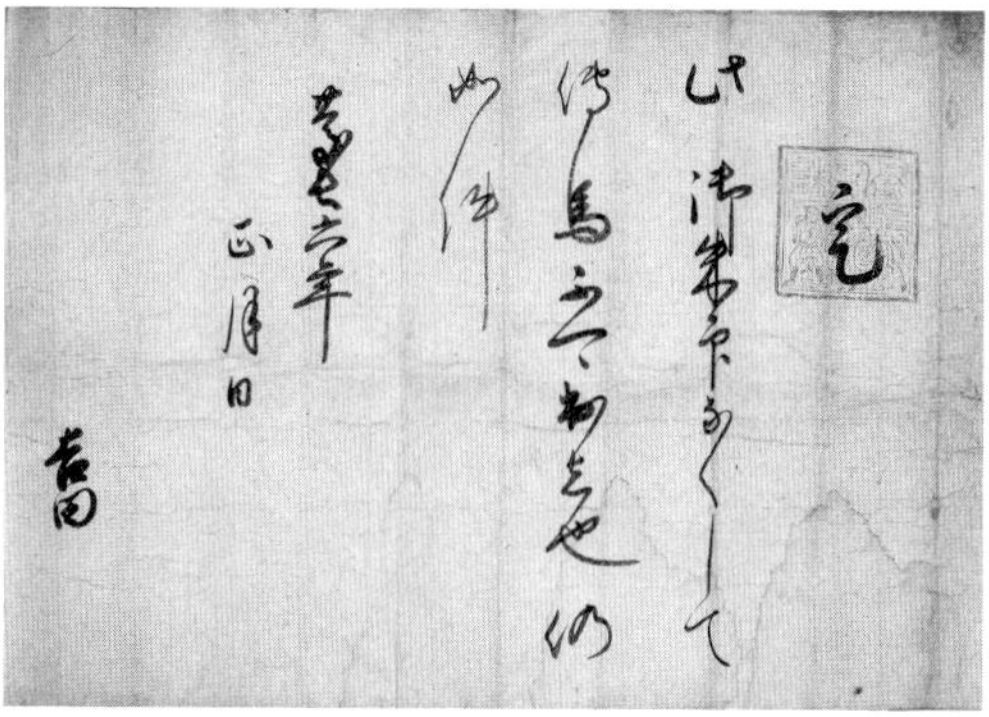

伝馬朱印状　吉田宿宛　慶長６年（1601）
（豊橋市美術博物館蔵）

東海道は、五街道のうち最も交通量が多い江戸時代のメインストリートであった。吉田宿は、江戸日本橋より数えて三四番目の宿場町で、日本橋より西方約七三里（二八七km）の距離で、東隣の二川宿へ一里二〇町（約六・一km）、西隣の御油宿へ二里二二町（約一〇・五km）であった。宿内の町並みは、城下町特有の東西南北に屈曲した複雑な街路で、その長さは二三町三〇間（約二・六km）であった。吉田は古来より交通の要衝として時の権力者により重要視され、伝馬など宿場としての機能が与えられていたと考えられる。近世の宿場町・吉田は、徳川家康が街道を整備して宿駅を設置した慶長六年（一六〇一）に発給された伝馬朱印状が現存し、同年に開設されたことがわかる。伝馬朱印状とは、「伝

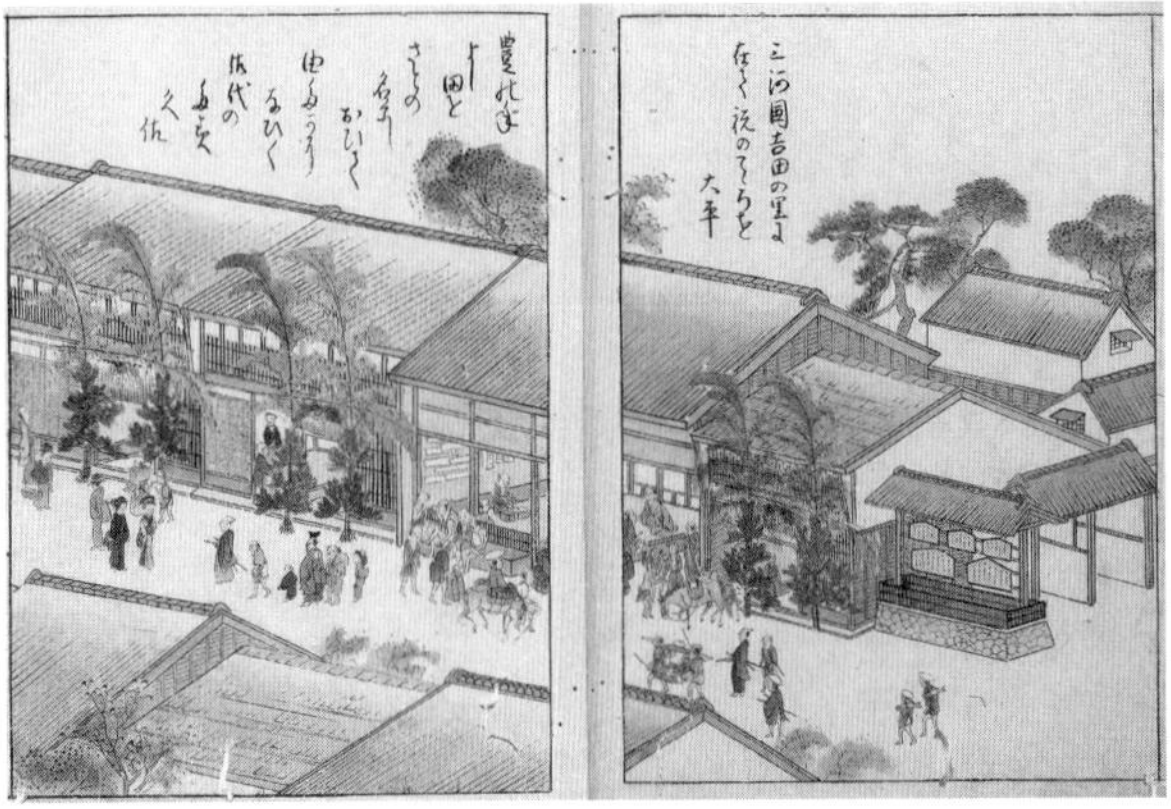

三河国吉田名蹤綜録　高札場と問屋場風景
（和田元孝氏蔵）

脇本陣枡屋　明治時代
（豊橋市二川宿本陣資料館蔵）

馬朱印」の印文がある朱印が押印され、この伝馬朱印がある伝馬手形を所持する者が無賃で伝馬を使用することができ、所持しない者には出してはならないと記載されている。

宿場町には旅人に宿を提供する宿泊機能があり、吉田宿は天保一四年（一八四三）の記録では、本陣二軒・脇本陣一軒・旅籠屋六五軒があり、いずれも宿場の中心地であった札木町にあった。本陣は、参勤交代の大名や幕府役人・公家などが東海道を往来した折に宿泊・休憩した施設で各宿場に設けられ、吉田宿では清須屋こと中西与右衛門と江戸屋こと山田新右衛門が勤めた。清須屋の建坪は、三二七坪余（一〇八〇㎡）と宿内で最大規模を誇っていた。本陣は、表門・玄関・上段の間などを造ることが許された格式のある建物であった。このほかに、本陣の利用が重なった場合などに利用に供される宿であった脇本陣があり、吉田宿では枡屋こと鈴木庄七郎がその役を勤めた。また、旅籠屋は伊勢参りなどの庶民が利用した一泊二食付きの宿で、総数六五軒のうちその規模により大一軒・中一三軒・小五一軒があった。旅籠屋には、旅人を接客する飯盛女という女性を一つの宿に対して二名まで置くことが許されており、飯盛女を置く飯盛旅籠屋と、置かない平旅籠屋があった。「吉田通れば二階から招く、しかも鹿の子の振り袖が」と詠われたように、吉田宿には飯盛旅籠屋が多く、街道では有名であった。享和二年（一八〇二）六月に京都へ上る途中に吉田を訪れた滝沢馬琴の随筆『羈旅漫録』には、吉田の飯盛女の数は一〇〇人あまりであったと記されている。

このほか、宿場町には往来する物資を継ぎ立てる運輸機能が本来的に具備されており、東海道を往来する荷物は宿場から宿場へと順送りにリレーされて運ばれた。宿場には、その中継基地ともいえる継立業務を行った問屋場があり、吉田宿には札木町に一ケ所置かれていた。東海道の宿場には、人足一〇〇人と馬一〇〇疋が貨客のために用意され、その差配は問屋役と呼ばれる問屋場の長を筆頭に、長を補佐する年寄や帳付・馬指・人足指などの宿役人により行われていた。天保一四年（一八四三）の記録では、各役の定員が問屋役三名、年寄七名、帳付三名、馬指三名、人足指二名、歩行役一〇名、下働六名とあり、日々問屋・年寄・帳付・馬指・人足指それぞれ一名ずつ、歩行役・下働各三名ずつが勤番した。吉田宿では、交通量の増大とともに一ケ所のみでは業務に支障が生ずるようになったため、その緩和策として天明四年（一七八四）に既存の問屋場を馬のみを取り扱う馬会所とし、別に四町ほど西寄りの上伝馬町に人足のみを扱う人足会所を新設し、問屋場を二ケ所とする計画が立てられ、道中奉行に請願された。しかし、人足会所が西に寄ると二川宿人足の歩行距離が長くなるためその設置が反対されたことから、計画は放棄された。

人馬の継立には、無賃のもの、公定賃銭である御定賃銭、および双方で値を決める雇上（相対賃銭）があった。無賃のものは、幕府による御朱印、老中・京都所司代などが発給した御証文、道中奉行の触書その他を伝達する場合などがあった。御定賃銭は一般よりも安く、公用通行者や参勤交代の大名行列に限られ、その料金は高札に書かれ高札場に掲出された。御定賃銭は時代を経るとともに値上げされ、幕末には正徳元年（一七一一）に定められた元賃銭の七・五倍にもなった。雇上は御定賃銭の二倍ほどで、一般の旅行者や商人はすべて相対賃銭であった。安政五年（一八五八）の記録では、無賃の人馬は上り下り合わせて人足の二八％、馬の二％にあたり、幕府からの助成があったとはいえ、吉田宿の大きな負担であったことに違いはない。また、時代とともに交通量が増加し、人馬の需要が多くなり、吉田宿の人足使用数は年々増え続けた。享保八年（一七二三）に一万六〇〇〇人あまりであったものが、安政五年には七万五〇〇〇人あまりとおよそ四・六倍にも達している。

宿内の人馬でまかないきれない場合、宿場周辺の村々に人馬を提供することが義務づけられており、それらの村々は助郷と呼ばれていた。助郷には定助郷と大助郷があった。定助郷とは、常時に宿場の不足を補う義務を負う村で、大助郷は大通行など臨時の際に人馬の提供をした。元禄七年（一六九四）に幕府は助郷制度の改変を行い、吉田宿ではそれまで二ケ村であった定助郷を六ケ村とし、かわって大助郷を従来の八一ケ村から二五ケ村とした。しかし、交通量の増大などにより再び助郷の組み替えを余儀なくされた幕府は、享保一〇年（一七二五）に定助郷・大助郷の別を廃止し、新たに一本化した。吉田宿では、図のように三六ケ村が指定された。この後、従来の助郷村の加重負担を軽減する目的で追加指定された増助郷や、本来の助郷が災害などにより免除された場合それに代わって勤役する代助郷、繁忙により当分の間置かれる当

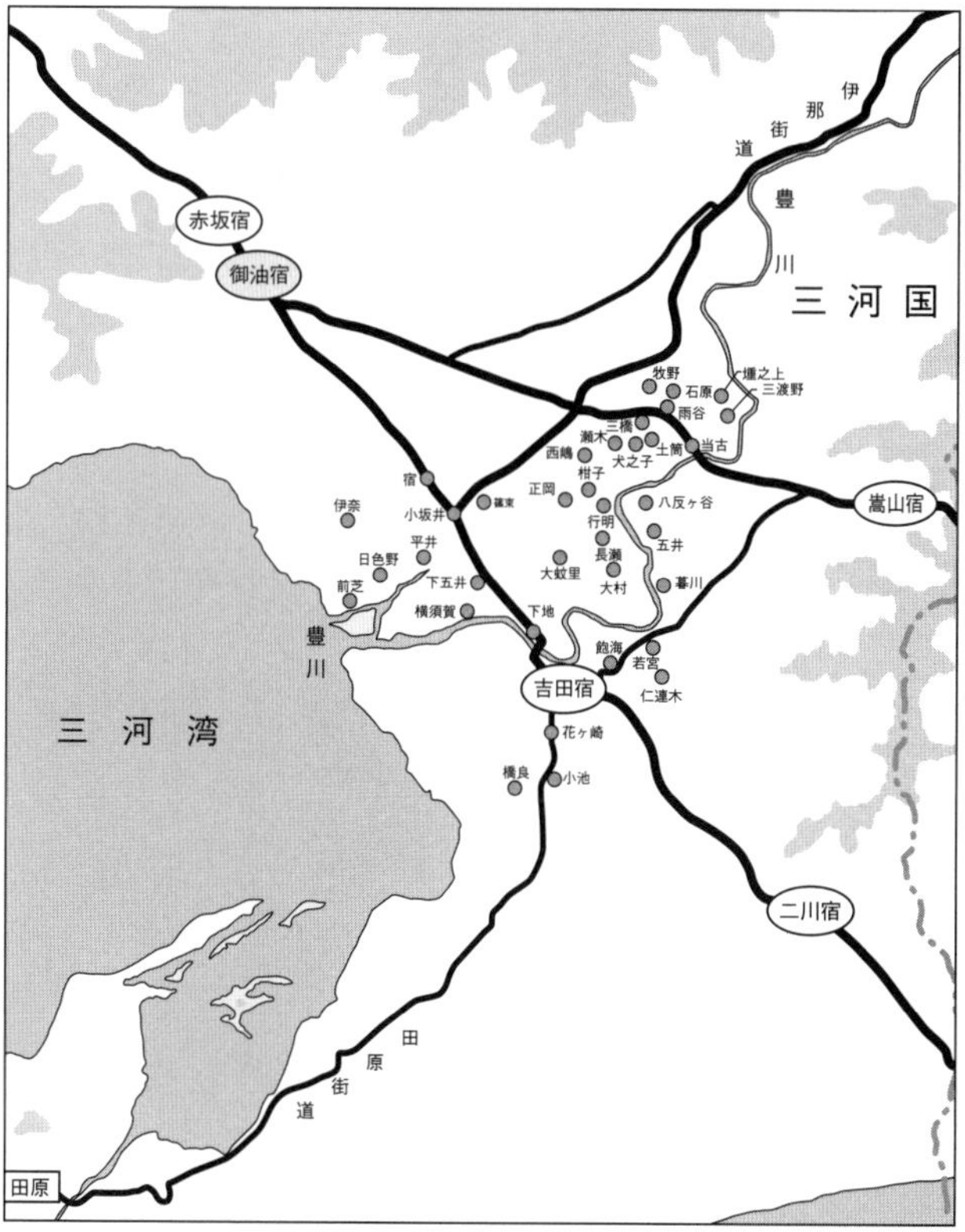

吉田宿助郷分布図　享保10年（1725）

分助郷など新しい名目の助郷もあった。助郷に指定された村では、農業が繁忙の春秋に大名行列などの大通行が多く、使役される機会が多いため疲弊した。また、一宿の助郷に定められた村が、他宿の当分助郷として二重勤めを強いられる場合があったり、勤役する宿場が一〇里以上の遠距離であることにより勤役が不可能となり、正人馬を差し出す代わりに課役金を出すこともあり、助郷の困窮はますます甚だしくなった。

慶応三年（一八六七）三月七日、吉田宿では助郷惣代などが課役金を横領したとして騒動が勃発した。すなわち、宝飯郡小坂井村権四郎など数名の者が主唱し、かねて申し合わせた吉田宿助郷四〇余ケ村の農民二千人が宝飯郡鍛冶村地内に集合し、同夜日勤惣代正岡村権右衛門らの居宅を、翌八日には引き続き横須賀村ほか五ケ村の助郷惣代の居宅・土蔵を打ち砕き、乱暴を働いた。この後殺気だった農民は、ついに吉田宿問屋・人馬指など宿役人宅を襲撃したが、事態は吉田藩から役人が出て沈静化した。このように助郷に課せられた過分な負担は人々を苦しめ、時に人々を暴徒化させる事態にも発展した。

朝鮮通信使の通行など東海道を往来する大通行に際しては、通常の人馬差配のほかに国役として周辺の村々に人馬の提供が義務づけられた。また、幕末期、一四代将軍家茂の上洛に際して、東海道の宿場には休泊の準備のために同一様式による町並み図の作成・提出が義務づけられたが、東海道沿いで吉田川対岸に位置する下地村は宿場ではないものの、この時に町並み図を作成し提出した。将軍の大通行という特異稀な事例に対して、吉田宿のみではまかないきれないであろうとの考えのもとに取られた措置であろう。

◉──吉田の商工業

近世の城下町には、藩政庁が存在する政治・軍事拠点としての本丸を中心とした二の丸・三の丸といった城郭の外側に藩士が居住する屋敷地があり、さらにその外側には商人や職人が居住する町屋が広がっていた。吉田城下の商人や職人は、政庁や藩士屋敷に物資を供給する役割を担うとともに、城下町を通る東海道などを媒体に人や物資の交通・流通に関与し生計を立てていた。

吉田藩は、領内の商工業者に対して同業者が寄り合って株仲間を設置することを認可するとともに一定の運上金を課し、その代償として営業を保護し独占することを認めた。例示すれば、以下のようである。紺屋の数は、正徳二年（一七一二）に二〇軒、享和二年（一八〇二）に一六軒であったが、その後次第に増加して三六軒となった。天保三年（一八三二）、以後の同職者の増加を防ぐため、この三六軒の紺屋が株仲間を結ぶことを藩の地方役所に願い出て、その冥加として藩御用の染物二〇反を染めあげて上納することを条件に許可された。また、髪結職の数は正徳二年に六軒であったが、享和二年に四軒、ついで六軒となり、文政一二年（一九二九）さらに一軒増加して、曲尺手町・紺屋町・札木町・魚町・萱町・田町・船町に各一軒ずつの計七軒となった。天保九年六月には、一同相談して地方役所に株仲間を結ぶことを願い出て、その冥加金として東海道吉田大橋から西方の小坂井村までの板橋修復費用の一部として毎年銭一〇貫文を上納した。

城下で形成される町は、商人や職人あるいは職業別に配置されるのが一般的であった。船町・上伝馬町・呉服町・鍛冶町・魚町・紺屋町などの名称がこれにあたる。しかし、実際には名称と現実が一致しない場合もあり、正徳二年（一七一二）の記録では、紺屋町には一軒の紺屋も存在しなかった。また、瓦職人も瓦町のみでなく、近在の花ケ崎村や中芝村にも居住していた。

次に、吉田宿における職人の名称と人数、ならびに商家の名称を掲げる。吉田宿の名産には、前掲の「吉田鎌」のほか火打ち石の火種である「ほくち」があり、全国に名をはせた。

吉田宿職人一覧

職　名	正徳２年	寛延３年	享和２年
釘　　師	0	3	13
農鍛冶	42	45	36
船鍛冶	0	0	1
大　　工	49	33	31
船大工	0	1	1
木　　挽	5	2	3
紺　　屋	20	12	16
檜物師	7	3	0
桶　　屋	12	10	12
左　　官	8	4	4
研　　屋	3	4	3
鞘　　師	2	2	2
柄巻師	2	0	1
塗　　師	3	5	4
筆　　師	1	1	0
表具師	0	1	4
乗物師	1	1	0
金具師	2	2	0
籠　　師（竹細工）	2	2	2
仕立物師	5	5	9
石　　工	2	3	2
板屋根師	5	5	0
萱葺師	4	0	0
畳　　師	8	6	9
傘　　師	3	4	7
臼作り	2	2	1
仏　　師	1	0	0
轆轤師	6	2	1
提灯師	0	1	4
指物師	2	2	2
合羽師	0	2	2
髪　　結	6	3	4

吉田宿商家一覧　享和２年

名　称	数(軒)	名　称	数(軒)
穀問屋	1	豆腐屋	15
穀　屋	47	紙　屋	2
呉服屋	2	綿　屋	2
荒物屋	21	綿　打	5
魚問屋	13	綿実屋	2
魚中売	58	薬種屋	7
肴　屋	9	洗濯屋	13
酒　屋	2	ろうそくや	5
莨問屋	2	ほくちや	6
刻莨屋	23	付木屋	1
刻莨手間取	13	荷売・あまざけ屋	8
莨入師	2	飴　屋	5
塩問屋	5	餅　屋	12
塩　屋	4	煎餅屋	3
糀　屋	5	饅頭屋	6
麩　屋	1	菓子屋・同受売	16
白木屋	3	茶　屋	8
鍋釜屋	5	すしや	2
鋳掛屋	2	うどんや	7
瀬戸物屋	5	風呂屋	19
焼継屋	1	足袋屋	3
小間物屋	18	下駄屋	1
油　屋	5	商人宿	7
練油屋	4	川船屋	5
青物屋	1	船問屋	7
醤油屋	1	干鰯屋	5
酒造屋	6	薪　屋	8
酢造屋	1	農　人	124
居酒屋	6	日雇稼	88
粉納屋	4		

◉――湊町・吉田

船町一帯の川岸は、吉田湊と呼ばれる繁華街として栄えた。吉田湊は、吉田川河口から約四km上流に位置したが、満潮時には海から大型の帆船が入港することができた。吉田湊からは、三河湾・伊勢湾を経て尾張名古屋や伊勢国に通じる航路があった。伊勢へは陸路ではおよそ四日かかるところ、海路では天候が良ければわずか半日でたどり着くことができた。東海道では、舞坂宿・新居宿間の今切の渡しや宮宿と桑名宿を結ぶ七里の渡しで海路を利用する場合があったが、吉田・伊勢間の伊勢航路はまさに両者を結ぶ宿継ぎを経ないものであった。また、吉田湊は吉田川舟運の終点として河川交通の湊としても繁栄をきわめた。

正徳二年（一七一二）の記録では、吉田湊すなわち船町が所有する船の数は、江戸廻船四艘、伊勢尾張通船一七艘の計二一艘であった。しかし、寛延三年（一七五〇）の記録では、それぞれ一艘・一三艘と減少し、代わって小瀬取船という河川舟運の船が四艘増加している。寛文年間には、船数は七〇から八〇艘あったというから、全体的には時代とともに減少傾向にあったが、江戸廻船のような遠隔地輸送の大船から伊勢湾沿岸の地域色が濃厚となる海運へと変容を遂げたといえよう。しかし、江戸廻船は吉田藩にとって城米輸送や商品輸送として重要な存在であり、その保護は藩にとって必要不可欠であるとともに船町が吉田藩の外港としての性格を有していた。廻船の大きさについては、文政七年（一八二四）に新造された江戸廻船は八〇〇石積みで、伊勢通船は寛政期には一二〇石・一〇〇石・八〇石積みのものであった。

享保一五年（一七三〇）の伊勢への渡海船賃は一人につき六六文で、うち一三文が船町の船番役が徴収する上前銭であった。

江戸時代の俳人、服部嵐雪は、元禄一三年（一七〇〇）に東海道を旅し、吉田宿から船で伊勢へ渡った。その際の記録によると、吉田湊では東北地方の出羽国や仙台からの抜け参りをはじめ、遠江国山梨村の籠作り・鋳物師や大坂の商人などが乗船し、その乗船人数は一艘につき三、四〇人であったという。また、遠江国や三河国から伊勢参宮や西国巡礼をした者が書き残した旅日記をみると、多く伊勢航路を利用している。たとえば、明和四年（一七六七）に御鍬祭という志摩国伊雑宮の農業神を勧請することが流行し、この年の四月に牟呂八幡宮の神主の森田光成が仲間を伴い志摩国磯部まで向かったが、この時は牟呂村の市場湊から乗船し、その船には近郷の柑子村（現豊川市）や草間村（現豊橋市）の惣代も乗船していたという。また、天保一〇年（一八三九）には同じく牟呂八幡宮の神主であった前者の孫にあたる森田光尋が伊勢航路を利用して、途中で佐久島を経て海路伊勢へ向かい、参宮をした。このように、伊勢航路は抜け参りや遍歴する者など金銭的に余裕のない者や、遠江国や三河国など近在の者に多く利用されていたようである。

江戸の書肆から出版された旅のガイドブックである道中記には、伊勢参りの旅人への情報として「吉田より伊勢へ船路道中」と題する吉田湊から佐久島、篠島を経て伊勢へと通ずる航路が記されている。注記にはこの海路を利用する人がままあるため記すが、風や波が激しい場合が多く、日和待ちのため数日を費やすから、たやすく船に乗るべからずとある。しかし、実際には利用者は多かったことが、伊勢山田の出船所の引札が伝来することや、伊勢川崎の船宿の広告が道中記に掲載されていることより推察される。また、安政四年（一八五七）に佐久島の弁財天が開帳となった折に、船町にその告知のための札が建てられた。社寺開帳の際には、参詣者誘致のため告知札が建てられ、これは人々の目に付きやすい所、もしくは由縁の場所に掲示されるのが常であった。これらも、船町から伊勢航路を利用する旅人が多かったことを物語っている。

伊勢湾は、内海とはいえ波が高くなることもあり、伊勢航路を利用する旅人は、船舶の構造や航行の技術が現代と比して低かった江戸時代にあっては、海上が穏やかになるまで吉田で日和待ちをしなければならないこともあった。船町に所在した茶屋では、日和待ちの旅人を宿泊させることは認められておらず、札木町の旅籠屋にてその任にあたることが義務づけられていた。ところで、『三河国名所図絵』所載の「伊勢出帆」という挿図では、豊吉丸という伊勢航路の船と小舟から乗り移る人々が描かれている。画面左上には、堤防を隔てて船町の町並みの一部を見ることができる。「伊勢船宿」と大書された看板が掲げられており、実際には船宿を営む者があったと理解できる。また、堤防上には人目に付くところに掲示された「豊川開帳」と書かれた開帳札があり、往来の頻繁さを窺い知ることができる。

三河国名所図絵　伊勢出帆

（古橋懐古館蔵）

次表は、記録の残る享保一四年（一七二九）から寛政九年（一七九七）までの船町から伊勢航路を利用して渡海した人数をまとめたものである。年により増減があるが、平均するとおよそ四五〇〇人が毎年この航路を利用していたことがわかる。なかでも、享保一五年と明和八年（一七七一）が非常に多いが、この両年には、伊勢神宮への爆発的集団参詣であった「抜け参り」や「おかげまいり」が流行したためである。

船町よりの乗船人数

年	乗船人	年	乗船人	年	乗船人
享保14年(1729)	3,557	宝暦2年(1752)	5,760	安永4年(1775)	2,551
享保15年(1730)	42,683	宝暦3年(1753)	5,164	安永5年(1776)	2,546
享保16年(1731)	2,713	宝暦4年(1754)	5,256	安永6年(1777)	5,683
享保17年(1732)	3,542	宝暦5年(1755)	3,982	安永7年(1778)	4,180
享保18年(1733)	3,094	宝暦6年(1756)	2,773	安永8年(1779)	5,200
享保19年(1734)	3,890	宝暦7年(1757)	3,032	安永9年(1780)	4,200
享保20年(1735)	4,282	宝暦8年(1758)	7,772	天明元年(1781)	3,700
元文元年(1736)	3,930	宝暦9年(1759)	3,041	天明2年(1782)	3,200
元文2年(1737)	4,001	宝暦10年(1760)	4,261	天明3年(1783)	1,340
元文3年(1738)	3,513	宝暦11年(1761)	5,000	天明4年(1784)	1,301
元文4年(1739)	2,695	宝暦12年(1762)	5,028	天明5年(1785)	4,200
元文5年(1740)	4,652	宝暦13年(1763)	4,064	天明6年(1786)	2,900
寛保元年(1741)	4,692	明和元年(1764)	5,056	天明7年(1787)	338
寛保2年(1742)	5,300	明和2年(1765)	4,886	天明8年(1788)	2,021
寛保3年(1743)	5,071	明和3年(1766)	4,468	寛政元年(1789)	1,663
延享元年(1744)	5,853	明和4年(1767)	4,460	寛政2年(1790)	3,075
延享2年(1745)	4,113	明和5年(1768)	3,900	寛政3年(1791)	2,450
延享3年(1746)	4,804	明和6年(1769)	4,500	寛政4年(1792)	3,471
延享4年(1747)	4,509	明和7年(1770)	3,900	寛政5年(1793)	3,234
寛延元年(1748)	1,850	明和8年(1771)	14,578	寛政6年(1794)	3,392
寛延2年(1749)	5,343	安永元年(1772)	3,808	寛政7年(1795)	3,655
寛延3年(1750)	3,810	安永2年(1773)	1,840	寛政8年(1796)	1,905
宝暦元年(1751)	4,370	安永3年(1774)	4,700	寛政9年(1797)	2,275
				計	311,976
				年平均	4,521

*「三州吉田宿船町記録」より作成

この伊勢航路をめぐっては、しばしば争論が起こった。すなわち、船町が近隣の村を相手取り参宮人輸送を差し止めるために提訴する場合と、逆に船町が訴えられることがあった。前者では、前芝村や牟呂村、大崎村といった近隣の湊町が伊勢参宮人を輸送する船を出していたために、船町に独占的に認められていた権利が侵されたとして船町が提訴した争論であり、結論的には従前よりの権利が認められて船町の勝訴で幕を引いた。

一方、後者では、東海道の熱田（宮）宿と佐屋路の佐屋宿が旅客の争奪をめぐって船町を相手取り提訴した争論である。寛政九年（一七九七）正月、道中奉行の根岸肥前守鎮衛に対して、吉田湊から旅人を伊勢へ渡航させているために吉田宿以西の宿々が経済的に打撃を受け衰退し、特に渡船場であり海上「七里の渡し」を擁する熱田宿と「三里の渡し」を臨む佐屋宿は大困難を来しているとして、渡航を停止するように訴えた。裏を返せば、それだけ多くの参宮者が、伊勢航路を利用していたと指摘することができよう。そこで道中奉行は、御普請役二名を吉田へ派遣して調査し、翌年六月から約三ケ月にわたり計一八回も審問をした。その間、吉田から熱田までの東海道六ケ宿の宿役人も証人として審問を受けた。鳴海宿を除く五ケ宿は、当初は吉田から道者を乗船させるのは古来からのしきたりであると述べたが、途中で吉田での乗船が停止されれば各宿の助成になるとして発言を変えたことにより船町の形勢が不利になった。しかし、当時の吉田藩主は幕府老中筆頭の松平信明であり、おそらく政治的な圧力により、熱田・佐屋両宿の訴え

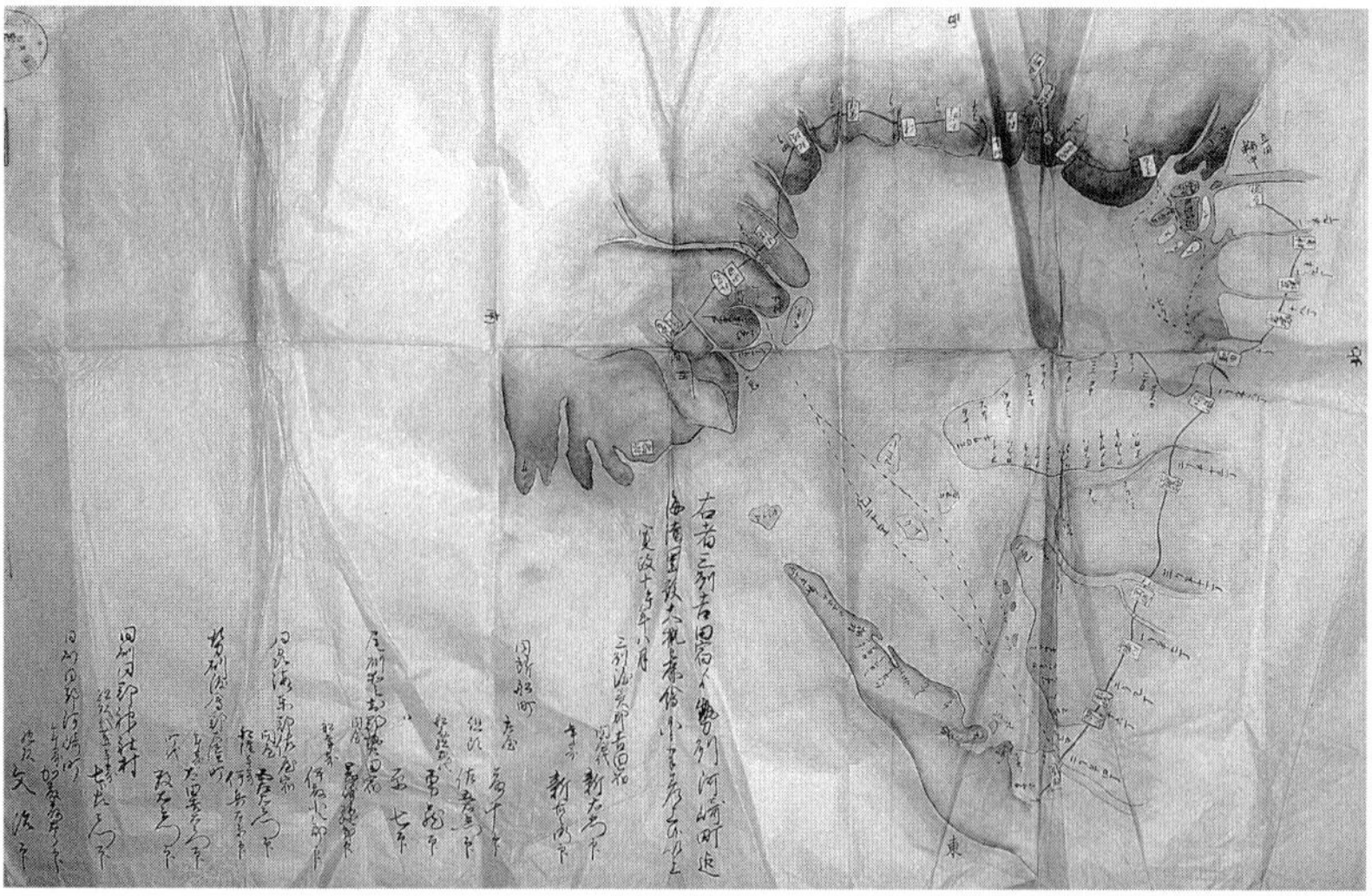

伊勢湾絵図　寛政10年（1798）
（九州大学附属図書館付設記録資料館九州文化史資料部門蔵）

は退けられた。このように、伊勢への渡航は堅持されたものの、その範囲は三河国の旅人に限定されるとともに、他村の船を雇っての営業も禁止された。この裁許により、公的に伊勢渡航は認められ、この時期以降の庶民の旅に伊勢航路は広く利用されることとなった。

吉田湊は、吉田川の河川舟運の湊としても重要な役割を果たしていた。吉田川の上流である八名郡乗本村やその対岸の設楽郡長篠村（ともに現新城市）から、下流の吉田・下地・前芝に貨物を積み送る川舟を、流域各地の舟と区別して鵜飼舟と称した。鵜飼舟は、長さ七間半（一三・六m）、幅四尺五寸（一・三m）で細長く、急流にも適する構造となっており、舟人が二人ずつ乗船した。上流から吉田湊までおよそ一一里（四四㎞）の距離を下るのに、およそ九時間から一〇時間を要した。上りは奥三河への日用雑貨を積み、帆を利用したが、風のない時は一人が竿などを使い、もう一人が陸より舟を綱で引っ張り移動させた。舟持の数は、乗本村と長篠村で合わせて一六名、持ち舟は合計で二六艘であり、舟人数は五五名であった。延享四年（一七四七）に舟主と舟人との間で取り交わされた規定では、正月一五日から一〇月一五日までは二日間で一往復し、一〇月一六日から正月一四日までは三日間で一往復することとなっていた。鵜飼舟によって上流の物資を吉田湊に逓送する際に、およその中間地点であった宝飯郡東上村（現豊川市）の川岸に東上分一番所が設置されていた。この番所では、奥三河から送られてくる物品をその価格に応じて一〇分の一から一〇〇分の一まで六段階に分けて運上金を徴収した。この番所は、幕府の直轄で、その運営は幕府の役人が常駐し運上を取り立てる方法と、民間に請け負わせて取り立てる方法があった。実際の運用は、後者が大部分を占め、東上村の浅若家がその任にあたった。

◉――吉田大橋

吉田宿が他の宿と比べて特筆されることは、宿の北西端に吉田大橋が架橋されていたことである。幕府は、軍事上や技術面の理由や、渡船や川越し人足など渡河渡世従事者の生活を保障する面やそれに伴う近在への経済効果を波及させるためから、東海道筋の河川に橋を架けることを認めなかった。例外的に、瀬田川と矢作川、吉田川には橋が架けられており、その存在が稀であり長大かつ優美な橋は街道の名所となり、浮世絵や絵画などに数多く描かれている。

吉田大橋　明治時代（豊橋市美術博物館蔵）

浮世絵版画は、江戸時代後期には美人画や役者絵から風景版画へとその主流が変遷し、初代歌川広重や葛飾北斎に代表される絵師らの手によって開花し、東海道などを扱った街道物のシリーズが数多く制作された。東海道の場合、五十三の宿場のほか起点の日本橋と終点の三条大橋を含めた五五枚を一揃えとして出版されるのが一般的であった。吉田を描いた風景には、地域的特徴としての吉田大橋が画題として多く採用され、吉田大橋と隣接する吉田城がセットとなって描かれる場合も多かった。また、吉田大橋は、江戸時代に書かれた紀行文などの文学作品にもしばしば登場する。

吉田大橋の起源は不明な点も多いが、元亀元年（一五七〇）に酒井忠次が関屋口から下地村にかけて土橋を架設したことによるという。次いで、池田照政による吉田城整備の際に土橋を板橋に改め、位置を少し下流の船町に移転した。

橋の規模は、貞享五年（一六八八）の記録では、長さが九五間半（約一七〇m）、幅が四間（約七・二m）、橋脚が二八組であった。

橋の南側たもとには高札場が設けられ、河川の取締りや橋梁保護などの注意すべき事項を長五尺八寸（一七六cm）、幅一尺五寸（四五cm）、厚正四分（一・二cm）の檜板に書いた高札が掲げられていた。

橋の掃除は、吉田二四町のうち元新町・今新町・世古町・元鍛冶町・手間町・下リ町の六ケ町を除く一八ケ町より各町二人ずつが出て行われた。また、重要な通行の際には増人足が出るとともに、橋洗いの時は問屋場から人足が出た。

川の増水によって橋を警固しなければならない場合は、二四町のうち坂下町・田町・元新町・今新町・船町の五ケ町を除く一九ケ町が事にあたった。坂下町と田町は町裏の堤へ出役し、元新町と今新町は東海道の往還通にあった山中橋を警固した。

木橋であった吉田大橋は、洪水や大風、地震などの天災や老朽化によって破損し、修理や掛け替え工事を余儀なくされた。橋の改修工事は、朝鮮通信使の通行など重要な通行に先駆けて行わ

吉田大橋の修理・掛替

回	年代	工事
1	元和3年(1617)	掛替
2	〃 9年(1623)	〃
3	寛永18年(1641)	〃
4	明暦元年(1655)	大修理
5	寛文8年(1668)	掛替
6	天和元年(1681)	大修理
7	元禄2年(1689)	掛替
8	〃 16年(1703)	修理
9	宝永4年(1707)	小修理
10	〃 6年(1709)	〃
11	正徳元年(1711)	〃
12	〃 3年(1713)	大修理
13	享保17年(1732)	修理
14	寛保元年(1741)	小修理
15	延享4年(1747)	〃
16	宝暦2年(1752)	掛替
17	〃 3年(1753)	修理
18	〃 10年(1760)	〃
19	〃 13年(1763)	小修理
20	明和5年(1768)	掛替
21	安永4年(1775)	小修理
22	〃 8年(1779)	大修理
23	寛政5年(1793)	掛替
24	文化6年(1809)	大修理
25	文政9年(1826)	〃
26	天保10年(1839)	小修理
27	弘化2年(1845)	掛替
28	安政3年(1856)	小修理
29	〃 5年(1858)	掛替
30	慶応2年(1866)	流失
31	〃 4年(1868)	仮架橋
32	明治元年(1868)	取払
33	明治2年(1869)	架橋

れる場合もあった。吉田大橋の修理・掛け替え工事は、財政難などの理由から破損したからといってすぐに着工されることは稀であった。しかし、実施される場合は幕府の直轄として幕府役人が直接出向いて指揮監督してとり行われ、用材も江戸より回漕された。実際の工事は、入札により請負人が決められたが、正徳三年（一七一三）の奥州三春藩秋田信濃守や、宝暦二年（一七五二）の加賀大聖寺藩前田備後守の場合など手伝普請として諸大名に工事を担当させることもあった。通常の橋の管理は吉田藩に委任されており、簡易な補修は吉田藩によって行われた。江戸時代を通して吉田大橋の工事は、三〇数回に及んだ。工事中の渡河は、仮橋が架けられる場合と臨時渡船があったが、敷板や高欄の交換など小規模な修繕の際は、片側通行によって実施された。寛政五年（一七九三）の掛け替えの際には渡船となり、八艘の船が用意され船町によって運営され、藩から三〇両の助成金があった。大通行によって船の数に不足が生じた場合には、近在の前芝村・平井村・日色野村・梅藪村・馬見塚村・三ツ相村・吉川村・牟呂村の八ケ村に助船の出役が課せられた。渡船を利用する旅人は、公定の渡船賃を支払わなければならなかったが、吉田町中の者は無賃であった。吉田町中の者にとって吉田川を渡河するということは、対岸の田畑へ耕作に行くなど生活の手段として必要なことであった。

二　吉田の賑わい

吉田は、東海道の宿場町として参勤交代の大名や、社寺参詣を旅の目的とした庶民など様々な人々が往来したばかりではなく、城下町として多くの人口を抱える地方都市であった。人々が集積し活況を呈する場所には、人々が娯楽を求め盛り場が形成された。盛り場では、芝居や見世物・相撲など各種興行がなされるとともに、定期・不定期を問わず開催された寺の祭礼によって賑わいをみせた。また、人々が日常生活を営む上で事件・事故は不可避であり、吉田でもさまざまな騒動がおこった。

●──祭

祇園祭

祇園祭は、六月一三日から一五日にかけて行われた吉田城内の天王社（現吉田神社）の祭礼である。氏子町内は、本町・上伝馬町・萱町・指笠町・札木町・御輿休町・御堂世古の七町であった。

一三日には、本町を除く六町で打ち上げ花火が行われ、昼の部と夜の部に分けられていた。夜の部が終わると、手筒花火が行われた。

一四日の夜には、本町と上伝馬町の二町より立物と呼ばれる仕掛け花火が毎年出された。立物とは、幅四～五間（約七～八ｍ）で高さ八間（約一四ｍ）の柱を障子状に組みその中に動物や植物、蜃気楼など毎年工夫を凝らした絵柄を仕込み、火を付けると昼間のように明るくなり、一斉に黒煙が上がった。この絵柄を印刷した一枚刷りのチラシが毎年作成され、当日見物人に配布されていた。チラシの板元は、相撲興行でもその名を見せる「葛城源治」であった。寛保三年（一七四三）には、前々年本町と上伝馬町が立物にかかる経費が嵩むため、隔年で交互に出したい旨を願い出たが、認められなかった。そこで、天王社の神主が貸し元となり金の貸付を行い、その利息をもって両町の花火の経費に充てることが了承された。現在、仕掛け花火も豊川河畔で行われるが、江戸時代には家屋が密集する東海道の往還で行われた。したがって、風向きによっては延焼する場合もあり、危険が伴った。安政五年（一八五八）には、本町に設けられた立物の下の打ち上げ口が破れたことによりタガが外れ、所々に飛び散り怪我人が多く出たという。また、この年昼に打ち上げた花火が吉田方の地所に舞い落ち、萱町町内の者が拾いに行ったところ、落ちた場所が田地であり地主と争論となり、一二月に萱町の庄屋以下が詫び状を出し決着した。

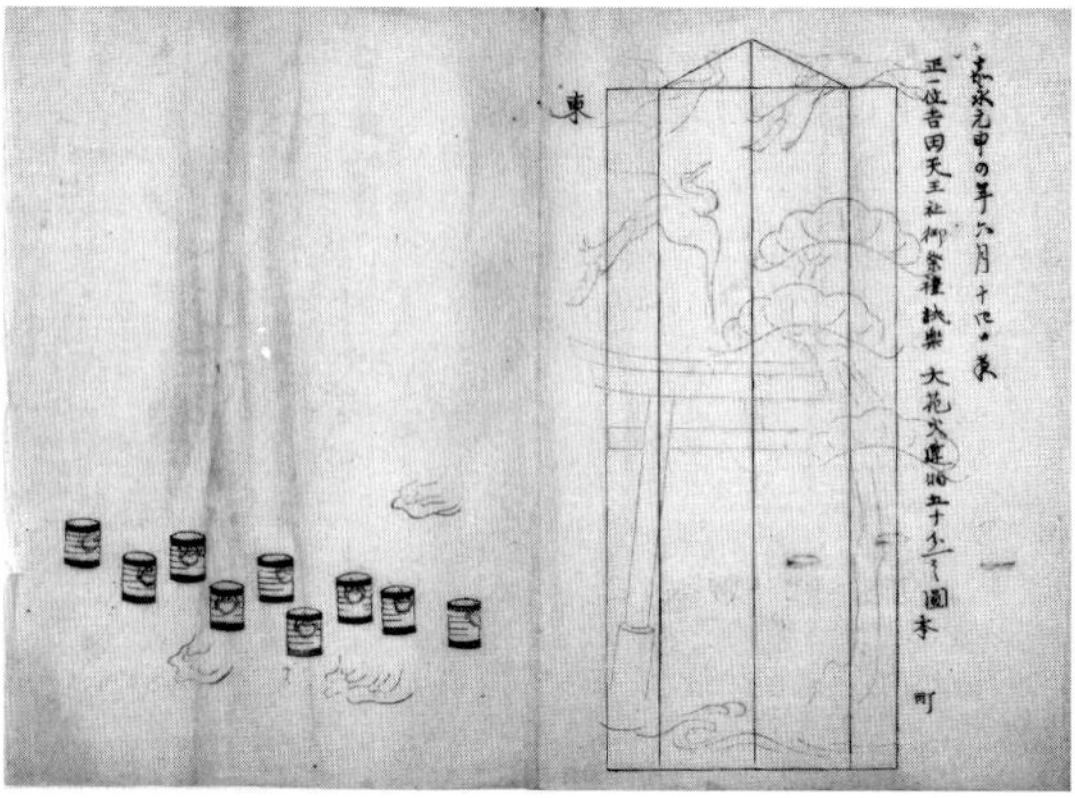

吉田花火立物之図（豊橋市美術博物館蔵）

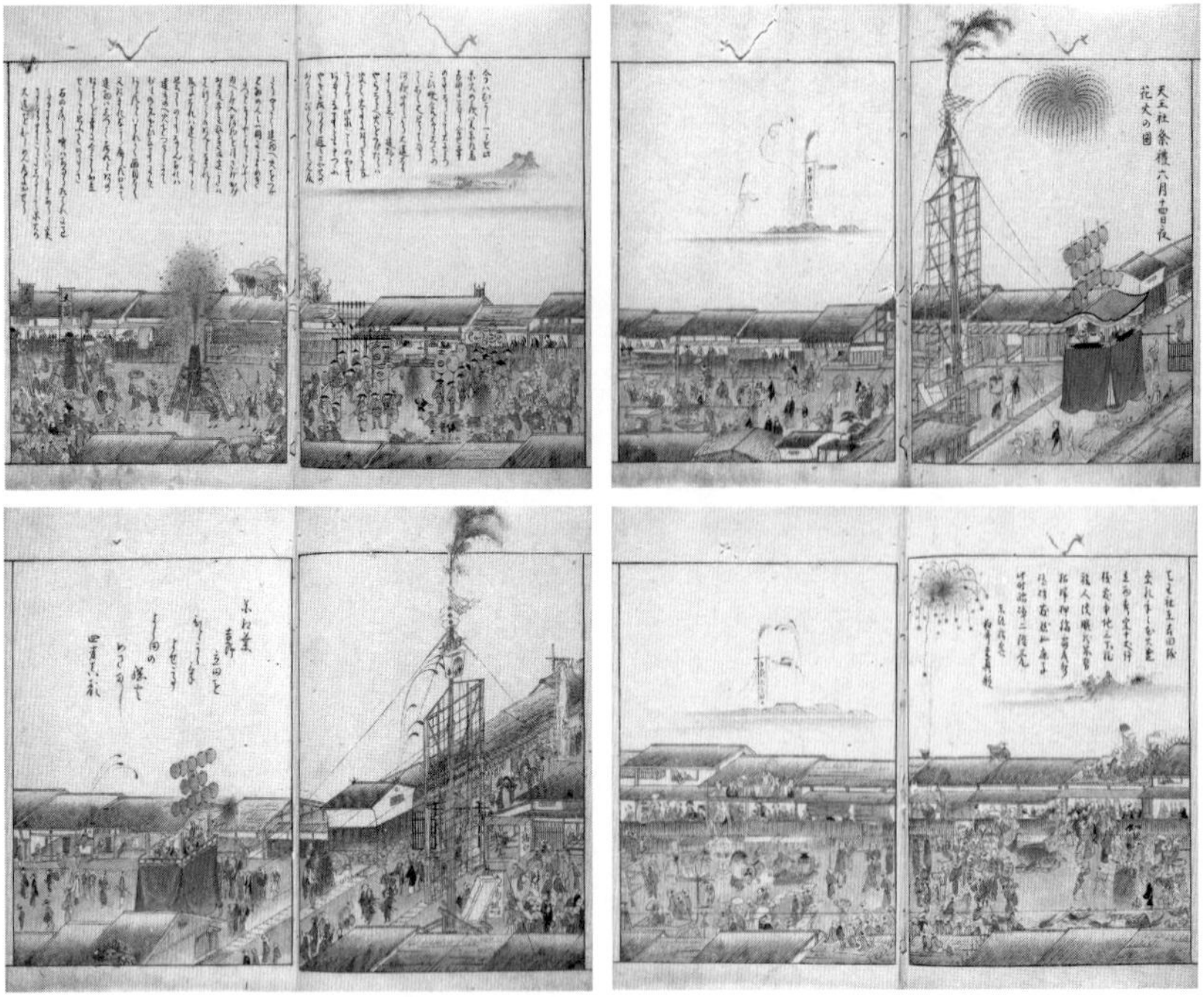

三河国吉田名蹤綜録（和田元孝氏蔵）

立物が終わると、次は大筒であった。大筒は、廻り四～五尺程の木をくりぬきタガを掛け、その中に火薬を入れ、高さ八尺の台に据えて火を付けた。雷鳴のような音がして、桜花や紅葉が散るように華々しく火を上げた。宝飯郡下地村に居住した山本貞晨が幕末期に著した地誌である『三河国吉田名蹤綜録』には、祇園祭の様子が多くの挿図を交えて紹介されている。大筒の周辺では、小型の手筒花火である羊羹花火が上げられている。また、金魚や鶏、虎などの作り物が往還に並べられ、都市型祭礼の様相を呈している。屋根の上には防火用の水桶が設置され、屋根上や桟敷には扇子を持ち打ち上げ花火を楽しむ人々が描かれている。本町の御用商人の店先には桟敷が設置され、藩主が在城中にはみずから出向いて見物した。そして、その際に使用される手水道具や幕は藩が用意し、普請奉行の管轄で準備された。また、家老であった西村次右衛門も家族を伴い御用商人であった奈良屋や美濃屋へ見物に出向くのが常であった。文久三年（一八六三）には、上伝馬町が大筒を順番で出す年であったが、物価高騰を理由に辞退し、代わりに本町が出した。藩では、翌年は必ず上伝馬町より出す旨の請書を提出させている。大筒は、元来各町が一本ずつ出していたが、幕末期には年番を定めて一本を上げていた。大筒が設置される場所は、その年により異なり、藩主が見物する場合は見物場所の風下に置かれた。

一五日には、御輿渡御があった。新銭町の喜見寺など六ケ所の寺院が出す飾鉾に続き、楽車が上伝馬町と札木町から各一両出た。なお、寺院から出す飾鉾は明治維新の神仏分離令以後廃止された。次に、行列は鼻高面、獅子頭、御輿と連なる。あとには笹踊り、頼朝・乳母や一二騎、饅頭配りが続く。笹踊りは、萱町から大太鼓一人と指笠町から小太鼓二人が出て、いずれも錦瀟の陣羽織を着て美麗な笠を被り、囃子方は風流な浴衣を着て大勢が踊った。笹踊りの衣装は、一〇年に一度新調される決まりであり、新調の折には藩主から金子が支給された。慶応四年（一八六八）の祭礼では、両町から装束を新調したい旨が藩に出され、金二〇〇疋が支給された。頼朝には男児があてられ、金の風折烏帽子を被り馬上であった。乳母は、男性が緋の掻取を着て綿帽子を被って扮装した。城内の天王小路では一二疋の馬が出て競馬が行われた。天王小路には桟敷が設けられ、藩主や藩士などが見物を行った。最後の饅頭配りは、従者二人が饅頭の入った袋をつけた葉付きの竹を持ち、湊町の神明社に饅頭を献上してから神幸に参加した。道すがら見物人に饅頭を配り、人々は厄除けとして頂く風習であった。神幸行列は、藩主の前の桟敷を通過して、天王門より町屋に出て、天王町・上伝馬町・本町を通って御旅所へ着き、やがて還御し一切の行事を終えた。天王小路の桟敷は、普請奉行が出来ばえの見分を行った。また、防火のため外天王口門外の堀に水が蓄えられた。一五日には、通常潜り戸しか開けられることがなかった天王口門と本町口門が、祭礼開催のため大戸が開けられたという。

東海道名所図会　三州吉田天王祭
（豊橋市二川宿本陣資料館蔵）

隷書版 東海道五十三次　吉田
（豊橋市美術博物館蔵）

　打ち上げ花火は、元禄年間（一六八八〜一七〇四）頃より全国に知られるようになり、寛政九年（一七九七）の『東海道名所図会』に紹介されたり、旅のガイドブックであった道中記などにも取り上げられた。『東海道名所図会』には、大須賀鬼卯が描く笹踊りの挿図がある。この絵は、弘化四年（一八四七）から嘉永五年（一八五二）頃に刊行された初代歌川広重が描く隷書版東海道五十三次吉田と酷似する。広重が、同書の挿図を参考にしたのは間違いない。

祭礼が行われるときには、表町の往還は祭礼の空間となるため、一般の通行には萱町から裏町の指笠町へ迂回して札木町に至る道があてられた。大名行列一行といえども、この道を通らなければならなかったという。しかし、祭礼よりも通行が優先される場合があった。天保一四年（一八四三）には、尾張藩主が参勤交代で国元へ帰国するため吉田を通行することとなり、祭礼の日程が六月一五日から一七日へと変更となった。また、万延元年（一八六〇）には、京都の朝廷から江戸の幕府に宛てた重要な書類が吉田を通行したため祭礼が順延となった。このように、いわゆる「重き御通行」といわれた御三家や公家、お茶壺道中など身分の高い者が通行する際には、祭礼の日程が変更となることがあった。ちなみに、尾張藩主が宿泊する際は、利用予定の本陣では三日前から他家の宿泊を断らなければならなかった。そして、藩や宿場からそれぞれ「御馳走」と呼ばれた接待儀礼がなされた。現在に伝わる接待マニュアルをみると、領分境に代官が派遣され出迎えをし、宿内はあらかじめ掃除をして当日は盛砂・水桶が設置された。本陣は事前に藩から見分を受け、悪しきところは修繕をして利用に備えるといった手厚いもてなしがなされた。祭礼の延期にはこのほかにも、明和八年（一七七一）の公儀鳴物停止による場合や、天明八年（一七八八）には雨天が続き、花火は二〇日・二一日の開催となる場合があった。また、元治元年（一八六四）の祭礼は、前年の将軍上洛に付き添った者が東海道を下り江戸へ帰ることとなり、花火が二四日に順延となった。将軍家茂は、大坂より海路にて軍艦で江戸へ帰還するが、荷物や従者は陸路によって江戸へ向かった。上洛には、およそ三〇〇〇人が従ったという。

城下町に居住する人々にとって祭礼はハレの時空間であり、祭礼の日には、藩政庁も休日となった。多くの人々が祭礼を心待ちにして、当日は華やかな花火にどんなに心ときめかせていたか想像に難くない。吉田藩士の山本忠佐は、上司との折り合いが悪く、安政三年（一八五六）に、新居の今切関所へと転勤になった。左遷である。翌年の祭礼に際して、子供の頃より祇園祭の花火が楽しみであったが、今年はその花火を見ることができずに残念だと胸の内を日記に書き残している。

鬼　祭

鬼祭は、正月一四日に行われた吉田城内の神明社（現安久美神戸神明社）の祭礼である。祭のクライマックスである赤鬼と天狗のからかいが有名で、現在国の重要無形民俗文化財となっている。社伝によれば、同社は天慶三年（九四〇）の創建といい、今橋城を築いた牧野古白が社殿を改築して城の鎮守とし、今川義元は境内の拡張、社殿の築造をしたといわれる。江戸時代には、藩主による式年ごとの造営・補修が繰り返され、手厚く保護された。

神事は、多岐にわたり、主要なものに神楽・田楽・歩射・占卜行事（榎玉神事）・神輿渡御の五つがあって、赤鬼と天狗のからかいは、その田楽の一部である。吉田藩士で藩校時習館の教授であった中山美石が著した『参河吉田領風俗』より、祭礼の様子を見てみよう。

鬼　祭

一四日の早朝から神楽があり、大太鼓・小太鼓・横笛が出て、八、九歳から一二、三歳の男子が稚児となり、下げ髪に天冠を被り、白い薄衣と紅の袴を履き、鈴と幣を持って舞う。大祭が始まると、神職以下祭員一同が列をなして斎館より神前に向かう。一同が着座して待つうちに、黒鬼と鼻高の天狗が登場する。黒鬼は、鳥居と拝殿の中ごろの東に立ち特別な所作は行わない。のちに行われる赤鬼と天狗のからかいを見守るだけである。赤鬼は山人の邪鬼であり、黒鬼は帰順した山人で警護の任にあたっているという。黒鬼の持つ大玉串は、東田神明社の長さ七尺（約二m）ほどの大榊を使用し、祭礼終了後は小坂井の莵足《うたり》神社に納める慣習であった。鼻高の天狗は、緋おどしの具足に籠手・臑当てをつけて、面は鼻が長く薄紅色で、長刀を持ち烏帽子を被る。神主が神前で天狗に祝詞を読み渡すと天狗は喜び鈴と扇を持って舞う。これを「鼻高の神楽」という。次に、四天子も天狗と同様に舞う。次に、天狗が立ち上がり長刀を逆さに肩にかけ敷いてある菰の周辺を八足片足で跳ぶ。これを「鼻高のチンバ踊り」という。その次に四天子が立って鼓を打ちながら飛び、楽器をならす。これを「テンポンザラリのチンバおどり」という。これらの踊りは、田楽の古式の遺風を伝えるものである。このあと、榎玉争という占卜行事がある。カン地とフク地とが榎玉を取り合い、その年の農業の作柄の吉凶を占う。カン地は乾地とも書き、山付方面を指し、フク地は福地とも書き、川辺など水利が恵まれた良田のことをいう。カン地が勝てば降雨量が多く乾燥地域が豊作で、フク地が勝てばその逆になるという。次に、的の神事である歩射が行われる。的は鬼を表し、それを射ることによって、怨霊・邪鬼を払い神領の安泰と五穀豊穣を祈るのである。続いて、赤鬼が登場してからかいが始まる。赤鬼は角のある面を付け、木綿の茜で惣身を包み同じ股引を着て、赤い撞木を持ち振りながら走る。そのとき、鬼附と呼ばれる一〇人ばかりの者が鬼に付き添う。これより、いよいよクライマックスのからかいが始まる。赤鬼は、屹立する天狗を挑発し、赤鬼が撞木で攻めると天狗は後退し、また、天狗が長刀で攻め出すと赤鬼が後退する所作を三度繰り返し、ついに赤鬼は追い詰められて境内の外に逃げ出す。境内を出た赤鬼は、タンキリ飴を振りまきながら城内に設けられた桟敷や氏子の町内を走り回り、御旅所である談合宮へ到着すると橙を献上する。見物人は、この飴を神供として喜んで拾う。この飴は、夏病除けといい伝えられている。最後に、赤鬼は吉田宿の問屋役であった札木町の植田家へ立ち寄り休息をして、神社に帰る仕来りであった。境内では、赤鬼が退散したのちにからかいに勝利した天狗が意気揚々と長刀の切祓いを行う。長刀を両手で水平に構えて、飛び上がりながら左右交互に三度回って、そののち長刀を左肩に担いで、扇子で柄を叩きながら跳び上がって三度切り祓う。これは、清めの神事である。からかいが終わると、次は神輿渡御である。神輿は獅子頭のみで、彩りのない古風なものである。この獅子頭は、御髭迎えと称し、当日の早朝に朝倉川の橋のたもとで馬が通るのを待ちかまえ、三疋目の馬の尾毛を切って髭に使用した。その対価として、供餅一膳と銭一二文が支払われたが、そのために馬の寿命が短くなるといい、この日は馬を出すのが控えられた。

鬼祭は、おそらく吉田城が整備された元禄期に従来の田楽中心の農村的祭礼から、賑やかなからかいを中心とする都市的祭礼に変容を遂げていったのであろう。

御衣祭《おんぞ》

御衣祭は、四月一三日から一四日にかけて行われた女性の祭で、吉田名物のひとつとして賑わいを見せた。

東三河には伊勢神宮の荘園が多くあり、神御衣祭の御料として白糸が献上され、赤引糸と呼ばれた。伝承によると、八世紀の末に八名郡大野（現新城市）の服部宮の神主鈴木伊兵衛が渥美郡

三河国吉田名蹤綜録　御衣祭（和田元孝氏蔵）

神戸（現田原市）の名によって神御衣祭の糸を献上し、以後毎年続けられたが、九世紀の中頃にこの糸を伊良湖神社に奉斎し、ここで荒妙を織って、御衣船で伊勢神宮へ献納するようになったという。その後、久寿二年（一一五五）に神服部宿祢毛人安詮が大和国から遠江国神戸庄岡本村（現浜松市）に移住し、伊勢神宮の命により大野で製した糸を織るようになり、これが現在の初生衣神社となったという。中世を通じて途絶えていたが、元禄一二年（一六九九）に神御衣祭が再興され、御衣奉献も復活した。しかし、伊良湖ルートは廃され、吉田より伊勢航路で運ばれることとなった。復活した御衣祭は、大野村の服部大明神に供えられた繭を神主鈴木家で糸に製し、一〇月一日に白木の箱に収めて岡本村へ送り、初生衣神社で神服部家が機織殿で荒妙に織り上げた。四月一三日に御衣祭を行った後に、本坂峠を越えて田町の神明社（現湊町神明社）まで荒妙が送られ、「太一御用」と大書した幟が掲げられた。唐櫃に納められた御衣は、神明社で一宿して翌日伊勢へ向かった。当初は、便船を利用したが、最盛期には毎年御衣船が新造されたという。

この神事に奉賛して行われたのが女性の祭典、御衣祭である。再び、中山美石の『参河吉田領風俗』より、祭礼の様子を見てみよう。

一三日・一四日はオンゾということがあって両日は女性が紡績・機織・裁縫などを一切休んでオンゾ踊りを行った。町屋の女性で一三、四歳以下の者が、手に手を取って城内や市中を歩いた。皆、衣装や櫛かんざしを着飾り美を尽くして、富家の子女は女性一人に対して乳母や下女が二、三人付き添い賑々しく歌をうたって歩き、田町の神明社へ参詣した。この道すがら踊りを所望する者は、玄関前などで筵薄縁などを敷いて待ち受けた。そのとき女性はオンゾ歌のほかに伊勢音頭で踊った。踊り終わると菓子などが出て、いささかの饗応があった。三〇年以前はこのようであったが、最近では一二、三歳の女子が出ることもなく、美しい衣装もなく、ただ手を連ねて社参の道を歌いながら行くことのみとなった。

中山美石がこの書を著した文化一五年（一八一八）には、すでに最盛期を過ぎていた。吉田藩御用達の松坂重賜の日記には、嘉永三年（一八五〇）に明和期より途絶えていた御衣祭の御迎子供が復古したとある。その後、この祭礼は、明治八年（一八七五）まで続き以後中断し、昭和二二年（一九四七）に再興され、現在に至っている。

◉──興　行

芝　居

芝居は、今も昔も変わらぬ娯楽の花形であり、江戸時代には江戸・京都・大坂の三都を中心に地方都市にも芝居小屋があり、江戸や上方の役者が地方に巡業し、領主の許可を得て公演が行われた。

吉田には、手間町中央南側の路地を入った西光寺の西隣に、西向きの常芝居の小屋があった。常芝居は、定芝居とも書き、仮設の掘立小屋ではなく、天井付きの常設劇場であったことを意味している。その規模は、間口一〇間くらいで廻り舞台から花道、せり上がりもついていて、七〜八〇〇人は収容できるものであったという。宿場町には、人馬の継立に要する馬を提供する伝馬役が課せられていたが、その伝馬の馬繫ぎ場という名目で芝居興行が許可されていた。吉田芝居で現存する番付は、文政五年（一八二二）のものが最古である。文政八年に大坂で刊行された『諸国芝居繁栄数望』という、全国一四〇ケ所の芝居を相撲の番付に見立てて四つに等級分けする番付では、吉田芝居は第二級の下位に位置づけられている。なお、この番付の付録に各地の芝居の特徴が記され、吉田芝居の中には「お花湯」という風呂屋があると書かれている。風呂屋に火は付きものであるが、嘉永二年（一八四九）一二月二四日に芝居小屋より出火して隣接する西光

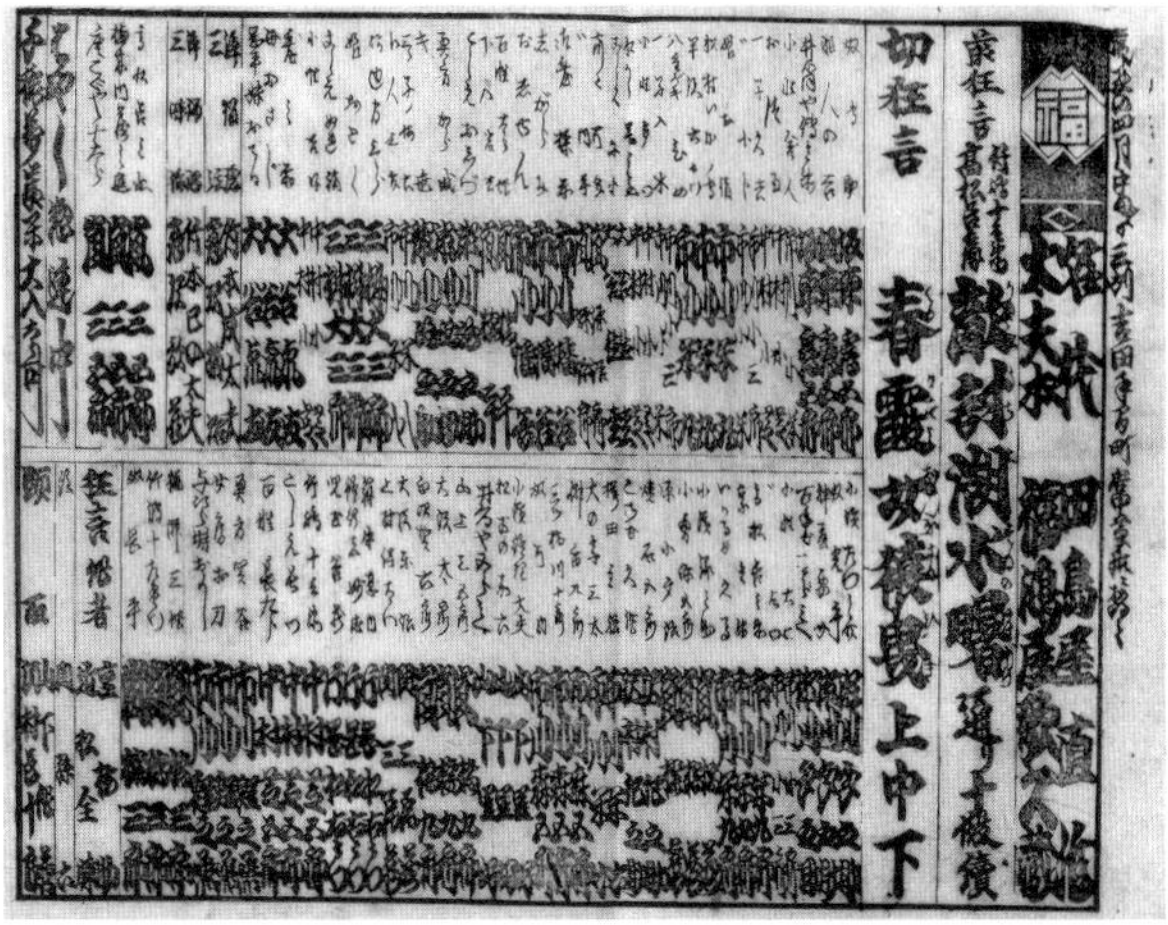

吉田常芝居番付（豊橋市美術博物館蔵）

寺が類焼した。しかし、翌々年の嘉永四年四月には歌舞伎役者中村仲蔵が吉田芝居に出演しているから、復興は早かったといえる。

吉田の芝居小屋には、江戸歌舞伎の花形である尾上菊五郎や、上方の片岡仁左衛門など名だたる役者が訪れ公演をした。

常芝居小屋では、芝居ばかりが興行されたのではなく、安政三年（一八五六）には正月二一日より一一日間の日程で歌舞伎舞踊の手踊り興行が開催された。翌年の九月一七日から一六日間、宿助成の名目で同じく手踊りが行われた。また、翌年の四月には浄瑠璃が行われている最中に二川宿の人足二、三〇人が小屋に入り込み喧嘩となる事件があった。

その後の吉田芝居は、明治一四年（一八八一）八月に西八町へ移転して朝倉座として存続した。

芝居は、このほかに近郊でも開催され、嘉永四年三月には牛川村の稲荷社遷宮に際して牛川原にて興行がなされた。社寺の祭礼などの行事に付随して、興行が開催されていたことがわかる。

相撲

江戸時代の地方における相撲は、社寺の堂宇を造営や修復するために興行収入をその費用に充てる「勧進相撲」が主であり、領主の許可を得て実施された。そして、開帳時に境内地で行われることもあった。安政年間には、大地震により大破した社寺の堂宇を修復するため、吉田近郊では頻繁に相撲興行が開催された。また、吉田では宿助成として興行が許可される場合があった。しかし、安政三年（一八五六）一〇月に田町神明社境内で相撲興行が開催された時には、実際は祢宜の朝倉外記と船町月番組頭による企てであったが、「表向き」は宿助成として問屋役から願いが藩に出されたことが、同社の神主であった羽田野敬雄の日記からわかる。もっとも、宿助成のための相撲興行は、現在確認できる限りこのほかに万延元年（一八六〇）七月の畑中で開催されたときと、文久元年（一八六一）八月に船町の龍運寺で開催された三回を知るのみであるが、いずれも江戸相撲を招聘した際であった。このほかにも、江戸大相撲は、天保一四年五月ならびに安政二年六月と同四年六月にいずれも神宮寺で開催されたことが確認できる。

江戸時代の相撲は、野天にて開催されたため、晴天〇〇日の開催と銘が打たれ、雨天になると順延となり、その都度届が領主に出された。開催期間は、三日から五日間が一般的であった。下地村聖眼寺にて、安政三年七月一四日より晴天五日間で弁天社修復のために行われる予定であった中相撲は、鳴物停止のため興行そのものが中止となった。中相撲とは、大相撲より規模が小さ

吉田及び近郊における相撲興行一覧

年	月　日	場　所	種 別	日　数	出　　典	備　　考
文化８年(1811)	３月７日	中　芝　村			吉田藩家老日記	
〃	３月８日	新　銭　町			吉田藩家老日記	
文政７年(1824)	９月	萱　　町		21日より25日まで	ふところ日記	
天保14年(1843)	５月26日	神　宮　寺	大相撲		此夕集	
嘉永６年(1853)	７月	羽　　田 八　幡　宮			此夕集	
嘉永７年(1854)	９月１日	潮　音　寺		３日より６日間	西村次右衛門日記	
〃	９月９日	一ノ宮村 砥鹿大明神			西村次右衛門日記	末社荒羽々気明神祭礼
〃	９月17日	長　楽　寺		22・23日の２日間	西村次右衛門日記	観音堂修復為助成
〃	10月	榎　川　岸	中角力		此夕集	
安政２年(1855)	６月５日	神　宮　寺	大角力	晴天５日間	此夕集	番付あり
安政３年(1856)	４月14日	下牟呂村 普　仙　寺	中相撲	晴天３日間	西村次右衛門日記	諸堂大破に付
〃	７月11日	聖　眼　寺	中相撲	14日より５日間	西村次右衛門日記	弁天社修復に付・鳴物停止に付き取り止め
〃	10月22日	田　　町 神　明　社	大角力	25日まで５日間	万歳書留控 此夕集	表向きは宿助成として
安政４年(1857)	３月１日	橋　良　村 正　光　寺	中角力	６日より３日間	西村次右衛門日記	橋良村観音堂再建為助成
〃	３月２日	田　尻　村 源　立　寺	中相撲	９日より３日間	西村次右衛門日記	諸堂地震損修復助成
〃	３月16日	牛　川　村 薬　　師	中相撲	20日より３日間	西村次右衛門日記 三浦深右衛門日記	
〃	６月28日	神　宮　寺	江　戸 大相撲	今日より６日間	西村次右衛門日記 三浦深右衛門日記 此夕集	大関猪王山ニ平石
〃	８月８日	下五井村 地　蔵　堂	中角力	晴天３日間	西村次右衛門日記	
安政６年(1859)	７月18日	上伝馬町 米　会　所	中相撲	晴天５日間	此夕集	
万延元年(1860)	７月24日	畑　　中	江　戸 中相撲	今日より晴天４日間	西村次右衛門日記	宿方助成之為メ
文久元年(1861)	８月24日	船　　町 龍　運　寺	江　戸 相　撲	明日より６日間	西村次右衛門日記	宿助成

く、力士も本場所上位の者は参加せず、番付二段目以下の力士が大関として開催される巡業興行であった。中相撲は、町場ばかりではなく、例えば文化八年（一八一一）には新銭町や中芝村で、安政四年には橋良村や田尻村、牛川村といった周辺農村部の寺院などで行われており、大衆娯楽として人気を博していたことが知れる。

興行では、一切を取り仕切るプロモーターとして、「勧進元」がいた。吉田では、上伝馬町に在住した葛城源治が藩の町郡奉行へ開催の願書を提出するなど活躍した。

開帳・見世物

開帳は、社寺の神仏が特定のサイクルをもって一定の期間に公開されることで、日頃はお目にかかれない神仏が眼前に現れるため、人々の信仰心をかりたてるとともに、臨時のイベントとして盛り上がりをみせた。開帳中には、境内地で見世物興行が開催されたり、多くの張りぼての作り物が製作され、人々は祭に酔いしれた。

文化九年（一八一二）三月二日から二二日まで二一日間、田町神明宮の末社である弁天社が開扉となった時には、田町の者によるあやつり人形興行が境内にて一五日から二二日まで開催された。プロ集団ではなく、氏子が興行元となる場合もあったことが知れる。安政四年（一八五七）閏五月の、吉田城内秋葉社の開帳の時には作り物が多く出るとともに、毎日投餅が行われ賑わいをみせた。開帳ではないが、嘉永元年（一八四八）五月に行われた天王社の遷宮時には、上伝馬町から吉野桜妹背山の作り物が出され、札木町では吉田藩御用達であった植田屋の屋敷に江戸浅草が作られ、関屋では吉田藩家中の中小姓衆の手による一丁（約一〇九ｍ）余りの大蛇が製作された。祭礼は盛大であったようで、萱町から酒三〇樽が出て、本町からは灯籠が二つ寄進され、上伝馬町の子供は神楽を奏し、道々には吉田藩家中製作の龍虎・堅田落雁・八橋・大津絵・むかでなどの作り物が数多く出陳された。このほかにも、安政五年六月に行われた田町神明宮の遷宮時には、氏子中より作り物が出された。船町は「竹田人形」、田町は「伊勢音頭」、坂下町は「万金丹店」、畑中は「二見之景」であり、このほか船町では金銀五〇〇両を投じて錦帯橋の作り物が製作されたという。船町を除く各町の作り物は、いずれも伊勢とのつながりが強く、また船町製作の錦帯橋も伊勢参宮ののちに旅人が西国巡りをするときに訪れる景勝地であり、湊町・吉田の色彩が強く表れている。

吉田城下ばかりではなく、吉田の人々にとっては周辺部の社寺の開帳も高い関心事であった。安政四年三月一三日には、吉田藩年寄の深井静馬と中老の和田直衛は、竹島弁財天（現蒲郡市）の開帳へ馬で出向いた。また、安政七年三月の岩屋観音（支配は天領、吉田藩領ではない）開帳の際には、芝居や賭博が行われているので、吉田藩家中の者は参詣してはならないと触れが出された。裏を返せば、参詣者が多かったために執られた処置であるともいえよう。

東海道では、江戸で開催の出開帳に陳列される仏像などが往来したため、宿泊地である宿場町では、一日開帳と呼ばれる臨時の出開帳が行われた。天保三年（一八三二）五月四日より神宮寺において京都永観堂の諸仏が開帳となった。同じく神宮寺では、安政七年に山城国嵯峨清涼寺の釈迦仏が昼九ツ時（正午）より夜五ツ時（午後八時）まで開帳となり、大勢が群集して賑わったという。神宮寺は、出開帳の場となることが多かったようで、安永九年（一七八〇）には信州善光寺如来が一〇月二八日から翌月の三日まで開帳となった。この時には、吉田到着後に藩から道案内の者が出て、境内には箱番所が立ち、町同心二人が警護にあたった。このほか、翌年の四月六日から七日間、高野山の阿弥陀如来や霊宝が開帳となった。このように、出開帳は一日のみではなく、数日間にわたって行われた場合もあった。嘉永四年に善光寺如来が神宮寺で開帳となった時には、当初四月二日から一二日までであったが、一九日まで会期が延長となった。このように見ると、神宮寺は、先の相撲でも興行地として多く登場していることから、江戸時代の吉田における一大アミューズメント・テーマパークであったと位置づけることができよう。

このほかにも、嘉永二年四月一四日には、上方へ出開帳に向かう途中、二川宿本陣で昼休みをとった江戸浅草報恩院の宝物二棹が、その日吉田御坊（のちの豊橋別院）で開帳されたため迎えの人馬が吉田より二川宿へ出された。

見世物には、籠細工や貝細工などの細工見世物や、曲芸や軽業などの技を披露するもの、舶来の動物や菊人形などの植物が展観されるものがあった。これらの見世物は、全国を巡りながら興行をして、木戸銭を得て生計を立てていた。

文久二年（一八六二）には、江戸から上方へ向かう虎の見世物興行が閏八月六日から三日間の日程で上伝馬町の光明寺において開催された。同九日には、その虎が吉田藩中老の北原忠兵衛の邸宅へ招かれ、家老の和田・深井・西村が同席して見物会が行われた。西村は、自らの日記に少々芸をして四人で一〇〇文を支払ったと書き記している。日頃、部下である吉田藩家中の者に、綱紀粛正を言い伝える身でありながら、舶来の珍獣にはやはり多分の興味があったのであろう。この虎は、同月末に名古屋の若宮八幡宮で見世物となり、尾張藩士の細野要斎は木戸銭が四八文で、別に八文支払うと芸をしたと記録している。

動物見世物については、吉田の俳人である佐野蓬宇が記した日記を兼ねた発句集『此夕集』の嘉永四年三月二九日条には、江戸下りのオウムが薬師世古すなわち上伝馬町の光明寺にて一人一八文で見世物となったとある。なお、光明寺には弓の稽古場である矢場が設置され、時に遊芸人に貸席をしていたともいい、上記二例のみしか知り得ないが動物見世物興行が開催されており、吉田の盛り場であったといえよう。このほかにも、安政四年三月には、新居の海で捕獲された「異形の魚」が開帳中の田町弁天社で見世物となった。

新居宿本陣の飯田温徳は、文政八年（一八二五）四月二八日に豊川稲荷の開帳を参詣し、同社で開催中の興行を見物した。「軽業・綱渡り・下駄にて渡るは奇妙である。竹田・丸竹細工は良し。水からくりは面白くない」と感想を述べている。

安政四年七月一五日から七日間、下地村の聖眼寺で開帳が行われ、軽業の見世物が開催された。同年の八月には、新居在勤中の吉田藩士山本忠佐が、白須賀宿潮音寺の開帳に際して催された軽業の見世物を息子を伴って見物し、甚だ上手で面白いと感想を日記に認めている。

軍記物と呼ばれる合戦を題材とした歴史小説を講釈する軍談師がたびたび吉田を訪れて、社寺において節回しをつけておもしろおかしく興行が行われた。安政四年三月には、指笠町の東光寺で和歌山の者が来歴しているし、文久元年七月一六日より輿休天王社にて一〇日間、桃井白龍子という講釈師が興行を開催した。

東海道では、さまざまな通行があり、特異稀なる通行は宿場町やその周辺で生活をする人々にとって恰好の見物対象であった。享保一四年（一七二九）には、長崎より江戸まで渡来象が陸路を通行したが、幕府は騒がしくしないなど一定の条件を付して見物を認めた。また、朝鮮通信使や琉球使節など海外使節団の通行では、城下町などに桟敷が設けられ、地方都市に暮らす人々が一行を歓待した。幕府は、宝永六年（一七〇九）に琉球使節の江戸参府に際して装束を大和風から異国風に改めさせ、琉球楽を奏でながら宿場町を練り歩くことを通達し、琉球国を異国と意識づけて異国情緒を醸し出す演出をした。これらには、幕府の威光を人々に示す意味があった。天保九年（一八三八）二月には、オランダ人が吉田宿を通行し、吉田藩士の柴田善伸は好奇心旺盛にも船町まで見物に出かけ、背が高い人が歩き、名をヨハネスエルデカイニイマンであると日記に書き残し、その後宿泊先である吉田宿本陣清須屋へ立ち寄り、台所をのぞき見て見慣れぬ鳥がいたと記述している。このほかにも、安政七年四月二九日には、囚人の通行があり吉田藩家老は決して見物に出てはならないと家中の者に触れを出した。また、慶応元年（一八六五）に大坂城代であった吉田藩主が江戸へ帰還することとなり吉田で一宿した際には、多くの見物人が城下へ詰めかけ賑わったという。

●――事件

事件

吉田藩領内で起こった犯罪は、町奉行が管轄しており、小罪はその配下であった小頭・同心が取り扱った。また、火付盗賊・無宿者・無頼漢などの取締り、犯人の捕縛、犯罪の捜査に従事した者に非人の青木権蔵がいた。代々龍拈寺南の青木前に居住し、一〇数名の部下を持ち、平素は市中見廻りなどの警護が主たる仕事であった。延宝五年（一六七七）には、藩主小笠原長矩から土地一反五畝歩を与えられ、元禄一五年（一七〇二）には藩主久世重之から部下の宅地として三畝一八歩が加増された。吉田惣町からは年末に、世話料として四貫文が支払われた。藩主が転封しても当地にとどまり、幕末までこの地で活動した。

それでは、吉田藩領内で起こった事件を数例みてみよう。

寛延二年（一七四九）一二月、魚町清兵衛手代の弥七は、曲尺手町孫三郎に大津・大崎で米二二四俵を買い付けようともちかけ、米相場が上昇気味であるため現金が必要であるといった。そこで孫三郎は手代権三郎に一〇〇両の現金を持たせ、二日朝草間村善助茶屋で弥七と落ち合い同道して大崎に向かった。弥七は赤根坂で権三郎を斬殺して現金を奪い、向草間村の新兵衛方の雪隠へ隠し、強盗に襲われて逃げ去ったと偽った。しかし、米売買の事実はなく、弥七の衣類に血痕があったため、吟味が行われ、拷問によって弥七は自白し、同一八日に死罪となった。

宝暦九年（一七五九）に城下町の所々で盗難事件が多発し、犯人が検挙された。犯人は尾張国中島郡小信村（現一宮市）出身の無宿者正助で、三年前に国元を追放となり、吉田城下へ舞い込み脇差や衣類・反物・小道具などを盗んだことを白状した。同人の風呂敷包みの中には、本町や呉服町の者の所持品があり、持ち主へ返却された。同人は、死罪となり仁連木村の刑場で刑が執行された。遺体の処理には、青木権蔵があたった。仁連木村には、行き倒れ人など無縁仏を埋葬した三昧所があり、そこに葬られたのであろう。

安永一〇年（一七八一）二月二九日に花ケ崎村の百姓六八人が、同村の庄屋と組頭の退役を藩に願い出るため曲尺手門まで詰めかけた。藩では、郷同心が出て主だった者が役所へ出向き残りの者は帰村するように命じ、願いはほかにないか質したところ、ほかにはないとのことであった。大勢で押しかけ騒ぎ立てことが問題となり、首謀者三名が手錠となった。

天明七年（一七八七）一二月、下モ町の喜三郎と魚町の庄次郎が駆け落ちをしたが、居場所がわかり両人とも呼び戻され吟味が行われた。結果、何の差し障りもなく、二六日から七日間手錠となったが、年越しを理由に免除され、喜三郎が過料銭一〇貫文、庄次郎が銭二貫五〇〇文を大納戸に収めて落着した。

天保八年（一八三七）正月に金田村にて放火殺人事件があり、捕まった犯人は同九月に町中引き回しのうえ磔となった。処刑は見せしめとして多くの見物人が見守るなか行われ、吉田藩士の柴田善伸も見物に出かけたが、大群衆でごった返し、朝霧で磔柱も見えず帰宅している。

安政四年（一八五七）には、金田村にて藩より許可を得ずに芝居・狂言が行われ、事実が露見して藩から過料ならびに手鎖・押込の罰が与えられた。藩権力をないがしろにされ面子をつぶされた藩だが、事前に届出さえしていればこのような厳しい措置も執らなかったのかもしれない。

地震・火災

地震や火災などの災害は、人々にとって「賑わい」と呼ぶにふさわしいものではないのかもしれない。しかし、突然襲来したこれらの災害は、不幸にも死傷者を伴うものではあったが、人々に対してその復興に活力を与え、日常とは異なる時空間であったに違いない。

江戸時代を通して、東海道沿岸を襲った大地震は、宝永四年（一七〇七）と嘉永七年（一八五四）の両度であった。宝永四年一〇月四日に起こった大地震は、震源地が東南海道沖でマグニチュード八・四の激震であった。震域は、関東から九州まで広範囲に及んだ。余震が長く続き、翌月の二三日には富士山が噴火した。この地震によって、吉田城および吉田城下は、大被害を蒙った。城内は、本丸から三の丸にかけて櫓や門といった建造物や、石垣や土塀に至るまでことごとく破壊され、武家屋敷も過半が倒壊した。なお、本丸御殿は、この地震で倒壊して以来再建されることはなかった。城下の町屋の被害は、総戸数一〇一一戸のうち、全壊が三三三戸、半壊が二六二戸、このほか破損家屋が四三六戸で、被害を受けなかった家はなく、死者は一一人に達した。

嘉永七年一一月四日、遠州灘東部を震源とするマグニチュード八・四の大地震が吉田城下を襲撃した。いわゆる安政大地震である。具体的な被害状況は、表の通りである。吉田藩年寄で後に家老となる西村次右衛門の日記より、この時の様子を見てみよう。朝五ツ半時（午前九時）、始めはゆるやかに揺れていたものの追々強くなり、長時間にわたって揺れた。早速平服にて登城すると、櫓・門・塀・石垣が崩れ、建造物も大破していた。政庁玄関へ回ると倒壊しており中へ入ることはできなかったため、二の丸門内まで引き返した。仕事場所を奪われたため、二の丸門内へ敷物を敷き、ここで仕事を始めた。二の丸御殿のなかでは政庁である用所や玄関のほかに、大書

安政大地震による吉田城内建物被害

位置	名称	被害状況	名称	被害状況
本丸	千貫櫓	無事	南多門	倒壊
	鉄櫓	半壊	北多門	倒壊
	入道櫓	傾斜	腰曲輪	大破
	辰巳櫓	倒壊	石垣	8ケ所　56間崩壊
	川手櫓	大破	土塀	11ケ所　112間崩壊
二の丸	二の丸御殿	大破	着到櫓	破損
	中之口供待所	倒壊	雷櫓	大破
	侍番所	倒壊	二の丸東門	倒壊
	評定櫓	無事	土塀	16ケ所　254間
三の丸	蔵役所	傾斜	三の丸口門	大破
	徒長屋	倒壊	長屋門	倒壊
	土蔵	倒壊5、半壊6	土塀	22ケ所　540間倒壊
侍屋敷其他	家中侍屋敷	倒壊8軒	新役所向	半壊・傾斜共数ケ所
	〃	半壊46軒	吟味会所	倒壊
	〃	大破83軒	鷹部屋	倒壊
	足軽家	倒壊1軒	焔硝蔵	破損
	〃	大破24軒	牢屋	傾斜
	時習館	破損傾斜	番所	倒壊20ケ所
	作事役所	倒壊	厩	傾斜
	神社	全壊・半壊共7	同釜屋	倒壊

院・小書院・徒目付部屋などが倒壊し、弓之間・広間・台所などに大きな被害があった。それに比べて、藩主の居住空間である居間は被害が少なかった。出勤してきた者はいずれも平服であったが、火の番の役人は火事着を着用していた。この地震の後には津波が来て吉田川は増水し、川の流れが逆流した。東海道の人馬継立機能は停止し、宿方より道中奉行に宛てて届が出された。吉田大橋は、多少破損したが通行に支障はなかった。三の丸門を出てすぐの八丁小路に面した西村次右衛門の邸宅も被害を受け、居間の鴨居が落ち、土蔵は余程破損し、門・長屋は大破、塀も所々が倒れ玄関も倒れるといった状況であった。したがって、本宅では居住することが不可能となり、自宅敷地内に所在する稲荷社の拝殿へ避難した。長屋の者も裏の物置に退避し、畑の中で煮炊きをした。その後、

一二日には本宅へ戻るが、一四日は朝から大小の余震が四回続いたため、再び一六日まで拝殿で避難生活を送った。藩校の時習館も大破し、しばらくは講釈や素読ならびに諸稽古は休止することとなった。吉田宿では、人馬の継立が停止したことにより、逗留中の熊本藩家中の者三〇人が行き場所がなくなり、龍拈寺にて世話をすることとなったが、米が払底したため藩に借用を願い出ている。また、札木町も一町にて五〇俵の米の拝借を藩に願い出て、貸し出しが了承された。宿内では大豆の炊き出しが行われ、藩へも献上する旨の申し出があったが、藩では辞退している。城下では、被害が甚大で物騒な状況が続いたため夜回りが強化された。人馬の継立は七日より再開されたが、旅籠屋などでの休泊機能はいまだ回復しない旨の届が道中奉行に出された。領内全体の被害状況は、高潮による溺死者を含めて死者が二五人、六五三軒の家屋が全壊、八〇八軒が半壊した。一三日には、このたびの大地震で城内ならびに城下では火災が発生しなかったため、お礼として防火の神である秋葉山へ書状ならびに布施が出されることとなった。のちに、藩から幕府に対して提出された被害状況報告書では、吉田町地での死者は三人とあり、宝永の時と比較すると圧倒的に死者の数は少なく、地震後の火災が災害を大きくすることを物語っている。吉田町地では、家屋の全壊一二八軒、同半壊が一五四軒、社の全壊一ケ所、物置の全壊九四ケ所、門の全壊一一ケ所、土蔵の全壊九六ケ所、同半壊一四三ケ所、鐘楼堂全壊一ケ所という被害であった。

家屋が密集する宿場町では、いったん火災が発生すると類焼は必至であった。吉田城下で起

吉田の大火

年	記　事	出　典
慶長19年(1614)	5月、上伝馬町石切藤左方より出火、関屋町悟真寺1山残らず、町も大半焼亡す	悟真寺古記
享保17年(1732)	12月30日、中芝村火災、36軒焼亡す	三州吉田記
元文元年(1736)	12月23日、札木町旅籠屋より出火、59軒焼亡す	三州吉田記
延享3年(1746)	8月9日、垉六町・下リ町両町火災、44軒焼亡す	三州吉田記
寛延2年(1749)	正月1日、新銭町火災、家数28軒焼亡す	三州吉田記
〃	正月16日、田町火災、家数24軒焼亡す	三州吉田記
宝暦4年(1754)	2月17日、飽海町火災、60軒焼亡す	龍拈寺留記・参河国聞書
〃 12年(1762)	正月11日、下地村火災、22軒焼亡す	参河国聞書
明和6年(1769)	10月29日夜、天白前より出火、新銭町はじめ惣家数200軒余焼亡す	龍拈寺留記
安永8年(1779)	11月3日払暁、本町医師藤井宗淳方より出火、吉田の中心街11ケ町、437軒焼亡す	龍拈寺留記・吉田雑記
天明6年(1786)	12月29日夜、本町金十郎方より出火、3ケ町にわたり77軒焼亡す	龍拈寺留記・吉田藩覚書留
〃 8年(1788)	10月25日夜、西宿清六方より出火、羽田村はじめ3ケ村33軒焼亡す	吉田町附文之事
寛政3年(1791)	正月30日夜、萱町半左衛門方より出火、26軒焼亡す	吉田町附文之事・吉田雑記
〃 4年(1792)	12月27日、萱町八兵衛方より出火、22軒焼亡す	吉田雑記
文化13年(1816)	12月晦日暁、田町久米七控空屋より出火、船町へかけ66軒焼亡す	田町久米七控空家出火一件
嘉永5年(1852)	11月22日、談合宮より出火、98軒焼亡す	神山権兵衛日記
慶応3年(1867)	3月24日夜、前芝村出火、農家106軒、寺1ケ寺焼亡す	浅井弁安日記
〃	10月晦日夜、新銭町篠束屋より出火、70軒焼亡す	浅井弁安日記・三万功記

きた最大の火災は、安永八年（一七七九）のいわゆる「宗淳火事」であった。一一月三日の明け方、本町の医師藤井宗淳方から出火し、折からの強風にあおられ、本町・札木町・呉服町・曲尺手町・鍛冶町・下モ町・元新町と東海道に沿って延焼し、さらに利町・魚町・御輿休町・指笠町が灰燼に帰した。一一ケ町三八四軒を焼失し、翌日の朝五ツ時（午前八時）に至って鎮火した。焼失戸数は、吉田宿全戸数の三九％に及んだ。札木町には、問屋場・本陣・脇本陣・旅籠屋などのほか、多くの役屋敷が含まれ、人馬継立機能や休泊機能といった宿場の機能が完全に停止した。

宗淳火事を契機に、吉田では防火体制が確立した。天明三年（一七八三）二月に船町支配の畑中、上伝馬町支配の清水・中世古・手間町の四ケ所に火消組が設置された。各組一一人の火消しと、一人の世話方という組織であった。出火の際には直ちに消火に当たり、大火の際には藩の指令に従う定めであった。火消道具は、藩からの貸与で月番町奉行の屋敷に預けられ、出火のたびごとに貸借がなされた。火消の扶持米は、藩よりそれぞれ四ケ所に一ケ年米八俵ずつ、五ケ年間を限り支給された。その後、寛政七年（一七九五）一二月に火消組の位置が変更となり、畑中・清水・曲尺手町・今新町となった。

ええじゃないか

幕末期の政治的・経済的動乱のなかで、庶民は「世直し」を求め、やがてその原動力はええじゃないか騒動へと発展した。

慶応三年（一八六七）七月一四日、渥美郡牟呂村（現豊橋市）に端を発したええじゃないかは、七月二二日には、隣村である羽田村へ伝播した。そして、七月二七日には吉田城下へと伝わり、曲尺手町ならびに城内の所々で札が降った。

文政一三年（一八三〇）におかげまいりが流行したときは、降札に伴って人々が伊勢神宮を目指し旅に出るといった参宮現象がみられた。しかし、慶応三年のええじゃないかでは、一部地域を除いて伊勢への参宮現象はみられず、人々が自ら居住する村中の氏神で祭礼を執行するといった移動を伴わない自村完結型であった。また、札も伊勢神宮のそれのみではなく、地域ごとに有力であった社寺の札が降り、東三河地域では火防せの神として信仰の厚かった秋葉神社の札が多く降った。

西垣晴次氏によると、ええじゃないかの構成要素は時系列により見ると以下の通りである。㈠神札の降下、㈡空より降下した神札類を祀る、㈢数日にわたる祝宴、㈣人々の男装と女装にみられる日常性の否定、㈤ええじゃないかの歌と踊り、㈥領主の命令・指導による平静化（終末）。

吉田城下のええじゃないか騒動を、羽田村に所在する浄土宗の寺院である浄慈院の住職が記した日誌より様相をみてみよう。前述の七月二七日のあと、八月二日には札木町にて祭礼に伴って、餅・銭・金・手拭が投げられ、大群衆となった。この日には、吉田川対岸の下地村でも賑わしく大群衆があった。翌日には、魚町においておかげまいりの道者姿への扮装、ならびに男性の女装や女性の男装による町内練り歩きがあり、同日には呉服町においても男性が美麗に飾ったという。また、各町では投げ物が多く行われた。五日には、紺屋町や手間町をはじめ城下各町でお札降りによる祭礼が執行され、吉田藩より翌日から騒動を停止するように禁令が出された。そして、八月一五日にも再び藩から騒動停止の触れが出されており、城下の騒動は簡単には収束しなかったことがわかる。八月末には、吉田城下において騒動が再燃した。晦日には、中世古の観音院において夜分大きな音がして、翌日見たところ秋葉山の札と一尺ほどの立像の仏像があり、仏像は顔より下が焼けていたという。ええじゃないかでは、札ばかりが空から降ってくるのではなく、京都での降下物を記した一枚刷りでは仏像などを確認することができるし、甲斐国の記録では、にわかに事実とは認めがたいが、男児・娘・馬骨・生首などが降ったとする。ええじゃないか発端地域周辺の吉田城下でも、早くも札ばかりではなく仏像の降下を確認することができ、多様化した騒動の萌芽をみてとることができる。また、男装や女装といったのちに全国へ波及した騒動に必ずといっていいほど伴う現象も、吉田城下においても確認することができる。

このほかにも、八月晦日には元鍛冶町と魚町において札の降下があり、所々で裸にて町内を子供連れで札が降った家を賑わしく巡拝した。宝飯郡国府村（現豊川市）の中林恒助が記録した年代記には、伝聞情報として吉田での騒動で大悦として酒を飲ませ餅を投げ金銭を振りまき、福引きをして大金を散らすことを町内の手柄としておよそ二〇〇〇両を遣ったと記述がある。

ええじゃないか騒動では、各種の神威譚があった。吉田においても、船町のつぼやの裏に伊勢神宮の札が降り、家人が伊勢参りの旅人の忘れ物であろうと垣根に挟んでおいたら、家内の三人が病となり苦しみだした。そこで、占いをしたところ札を疎かにした罪により病気になったのだと出た。直ちに詫び申して家を清め神祭をしたところ、たちまちに治ったという。現代に生きるわれわれにはにわかに信じがたい話ではあるが、医療技術が未発達でかつ宗教観念が現在とは異

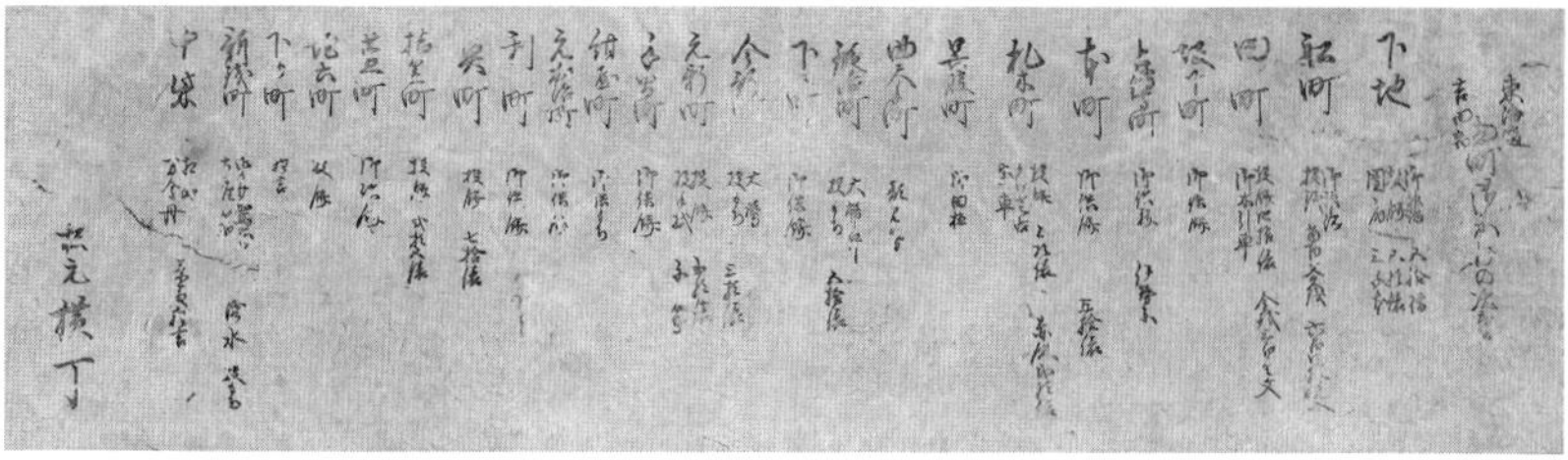

東海道吉田宿惣町御かけの次第（豊橋市美術博物館蔵）

なる前近代においては、神の威光を前面に出したこのような話はまことしやかに噂されたのであろう。

吉田城下では、騒動が行われている最中に『東海道吉田宿惣町御かけの次第』と題する木版一枚刷りの刷り物が出版された。表一二町・裏一二町に吉田川対岸の下地村、ならびに隣接する新銭町・中芝村の三町を加えた各町で降札に伴いどのような施行や催しがなされたかを記したものである。各町での盛大な様子を見てとることができる。この刷り物は、吉田城下における情報を周辺部に知らせるとともに、東海道を東西へ伝播する媒体であったといえよう。

ところで、自然現象として空から札が降ってくることはなく、そこには仕掛け人がおり作為的に札が撒かれたことはいうまでもない。仕掛け人は、騒動が起きることにより村が休日となり、日常から非日常へとしばしの間解放され、日頃たまったフラストレーションを発散することを期待し、宴などの恩恵にあずかることができた人々であったのであろう。

吉田近郊では、西羽田・富田・羽田・羽根井・橋良・草間・大崎・大津・小池・小浜・高足の各村（いずれも現豊橋市）で降札があり、各村では狂言・手踊りなどが行われ大騒ぎであったという。

参考文献

『豊橋市史』史料編一（一九六〇）、第二巻（一九七五）、第六巻（一九七六）、第七巻（一九七八）豊橋市
『豊橋市史々料叢書』第一集 吉田藩日記（一九八〇）、第二集 西村次右衛門日記（一九八五）、第三集 西村次右衛門日記（補遺）・三浦深右衛門日記（一九九四）、第四集 三河国吉田名蹤綜録（一九九七）、第五集 吉田藩普請奉行日記（二〇〇二） 豊橋市、第六集 吉田藩家老日記（二〇〇五） 豊橋市教育委員会
『新居町史』資料編九（一九七九） 浜名郡新居町
『柴田善伸翁日記抜書 其二』（一九四五） 自家版（『三河地域史研究』第一五号から翻刻が開始）
『三州吉田船町史稿』（一九七二） 自家版
『幕末三河国神主記録』（一九九四） 清文堂
『盛り場―祭り・見世物・大道芸』（二〇〇二） 名古屋市博物館
『おかげまいりとええじゃないか』（二〇〇三） 豊橋市美術博物館
『吉田城と城下町』（二〇〇五） 豊橋市美術博物館
西垣晴次『ええじゃないか――民衆運動の系譜』（一九七三） 新人物往来社
近藤恒次『近世の交通と地方文化』（一九八六） 名著出版
渡辺和敏『ええじゃないか』（二〇〇一） あるむ
渡辺和敏『東海道交通施設と幕藩制社会』（二〇〇五） 岩田書院
切池融「三州吉田湊の機構と参宮人輸送をめぐる紛争」『歴史研究』第二号（一九八六）
鈴木光保「三州吉田芝居番付」『名古屋大学国語国文学』第六一号（一九八七）
田﨑哲郎「史料紹介『中興年代記』」『愛知大学綜合郷土研究所紀要』第三三輯（一九八八）
増山真一郎「―西村次右衛門日記より―嘉永の地震に関する記述」『吉田城いまむかし』（一九九四）
鈴木光保「佐野蓬宇『此夕集』ノート」『三河地域史研究』第一四号（一九九六）
森國弘「江戸相撲の吉田巡業を探る」『三河地域史研究』第一五号（一九九七）
藤井隆「吉田藩御用達松坂重賜日記について」『豊橋市美術博物館研究紀要』九号（二〇〇〇）
村松裕一「此夕集（翻刻）上」『東三郷土』第六号（二〇〇一）
村松裕一「此夕集（中）」『東三郷土』第七号（二〇〇二）

おわりに

長く続いた「吉田」の名も、明治を迎え「豊橋」と改称された。明治二年（一八六九）五月二〇日、明治新政府から突然「今まで吉田城と呼んでいたのを、今回改称するから、古い呼び方を調べて適当と思われるものを二つ三つ申し出よ」と命令が出された。藩では、数日後に「豊橋、関屋、今橋」の三つの試案を提出し、翌六月に豊橋と決定した。吉田の藩名は、伊予（愛媛県）にもあり、ほかにも同じ藩名を持つところが多いため改称の対象となったといわれるが、三河の吉田藩が譜代大名であったことや、朝廷の東征軍に対して優柔不断かつ消極的であったことが改称を命ぜられた理由であろう。

豊橋は、昭和二〇年（一九四五）の空襲で市街地を中心に戦災に遭い、貴重なる歴史資料が焼け往時を語る材料を多く失った。しかし、現存する資料から断片的ながらもその歴史を探り考えてゆかなくてはならない。

今日、地方都市が抱えるさまざまな問題を考える際、先人が歩んできた道のりを正確に理解し、評価を下すことが重要である。それが、これからわれわれが歩んでゆく道に光を当てることになるであろう。

本書は、参考文献に掲げた先学の研究成果に依拠し、若干の知見を加えて構成した。本書では、平易に読んでいただくため、煩雑な注記をしていない。より詳しく学習をなさる方は、是非とも参考文献に掲げた書籍をひもといてほしい。

当初は、このような内容の本を出すことがためらわれたが、『豊橋市史』第二巻も絶版となり久しく、当地の江戸時代の歴史を知ることができる手軽な概説書も少ないため、あえて取り組んだ次第である。

最後に、平素よりお世話になり、私を支えていただいている多くの方々に、厚く御礼を申し上げる。

【著者紹介】

和田　実（わだ　みのる）

1967年　愛知県名古屋市生まれ
1990年　愛知大学文学部史学科卒業
1991年　豊橋市二川宿本陣資料館学芸員
（～1999年）
1999年　豊橋市美術博物館学芸員
（～2006年）
現　在　豊橋市二川宿本陣資料館学芸員
愛知大学綜合郷土研究所研究員
交通史研究会常任委員

主要論文＝「宿駅における本陣利用重複時の諸相」『愛知大学綜合郷土研究所紀要』第44輯（1999年）
「宿駅における馳走儀礼」『愛知大学綜合郷土研究所紀要』第47輯（2002年）
「近世東海道を巡る情報――人馬継立情報と休泊情報――」『交通史研究』第59号（2006年）

研究分野＝文献史学（日本史）

愛知大学綜合郷土研究所ブックレット ⑬

城下町の賑わい　三河国吉田

2007年３月25日　第１刷発行

著者＝和田　実 ©

編集＝愛知大学綜合郷土研究所
〒441-8522 豊橋市町畑町1-1　Tel. 0532-47-4160

発行＝株式会社 あるむ
〒460-0012 名古屋市中区千代田3-1-12　第三記念橋ビル
Tel. 052-332-0861　Fax. 052-332-0862
http://www.arm-p.co.jp　E-mail: arm@a.email.ne.jp

印刷＝東邦印刷工業所

ISBN978-4-901095-83-9　C0321

刊行のことば

愛知大学は、戦前上海に設立された東亜同文書院大学などをベースにして、一九四六年に「国際人の養成」と「地域文化への貢献」を建学精神にかかげて開学した。その建学精神の一方の趣旨を実践するため、一九五一年に綜合郷土研究所が設立されたのである。

以来、当研究所では歴史・地理・社会・民俗・文学・自然科学などの各分野からこの地域を研究し、同時に東海地方の資史料を収集してきた。その成果は、紀要や研究叢書として発表し、あわせて資料叢書を発行したり講演会やシンポジウムなどを開催して地域文化の発展に寄与する努力をしてきた。今回、こうした事業に加え、所員の従来の研究成果をできる限りやさしい表現で解説するブックレットを発行することにした。

二十一世紀を迎えた現在、各種のマスメディアが急速に発達しつつある。しかし活字を主体とした出版物こそが、ものの本質を熟考し、またそれを社会へ訴える最適な手段であると信じている。当研究所から生まれる一冊一冊のブックレットが、読者の知的冒険心をかきたてる糧になれば幸いである。

愛知大学綜合郷土研究所